KB190705

히브리서 신학

The Theology of the Epistle to the Hebrews

The Theology of the Epistle to the Hebrews

Copyright © 2021 Prof. Byoung Soo Cho, Dr. theol.

Pubilshed by Hapdong Theological Seminary Press
Kwangkyo Joongang-ro 50, Yeongtong-gu, Suwon, Korea
All rights reserved

히브리서 신학

초판 1쇄   2007년 8월 20일 (도서출판 가르침)
개정 1쇄   2012년 8월 28일
개정 2쇄   2013년 3월 8일
재개정 1쇄   2021년 8월 10일

발 행 인   김학유
지 은 이   조병수
펴 낸 곳   합동신학대학원출판부
주   소   16517 수원시 영통구 광교중앙로 50 (원천동)
전   화   (031)217-0629
팩   스   (031)212-6204
홈페이지   www.hapdong.ac.kr
출판등록번호   제22-1-2호
인 쇄 처   예원프린팅 (031)902-6550
총   판   (주)기독교출판유통 (031)906-9191

ISBN 978-89-97244-05-8 (93230)
값은 뒷표지에 있습니다.

「이 도서의 국립중앙도서관 출판예정도서목록(CIP)은 서지정보유통지원시스템
홈페이지(http://seoji.nl.go.kr)와 국가자료종합목록 구축시스템(http://kolis-net.
nl.go.kr)에서 이용하실 수 있습니다. (CIP제어번호 : CIP2012003845)」

저작권법에 의하여 한국 내에서 보호를 받는 저작물이므로 저자와 출판사의 허락 없이
내용의 일부를 인용하거나 발췌하는 것을 금합니다.

재개정

히브리서 신학

The Theology of the Epistle
to the Hebrews

조병수

합신대학원출판부

머리글

성경은 이제 많이 알겠다 싶으면 또 다시 깊은 신비의 세계로 초대한다. 때로는 그 황송한 은택(恩澤)에서 입을 다물지 못하고 경탄을 발하지만 때로는 헤어 나올 수 없는 수렁에 빠진 듯이 당황한다.

성경이 보여주는 신비의 세계는 한편으로는 그 자체가 희열이며 전율이지만 다른 한편으로는 좌절이며 통증이다. 기쁨에 떠는 까닭은 전에는 알지 못하던 놀라운 은총을 허락 받기 때문이며, 부러지며 아픈 까닭은 다시금 하나님의 요청 앞에 서야 하기 때문이다.

그렇다. 저 너머에 있는 무변(無邊)한 세계는 절대로 인간의 머리에서 나온 것이라고 볼 수 없다. 성경을 하나님의 계시 말씀이라고 믿을 수밖에 없는 이유가 바로 여기에 있다. 그래서 저쪽의 영역에 대한 집착을 떨쳐버리지 못하고 조금 더 침잠하기 위해서 오늘도 살이 마르고 머리가 희어지는 것을 마다하지 않는다.

여기에 실은 글은 무엇보다도 수년 째 합동신학대학원대학교의 졸업반 마지막 학기에 있는 신학생들에게 "히브리서―요한계시록"이라는 강좌에서 가르쳤던 내용을 근간으로 삼고 있다. 나의 견해는 강의 중에 학우들과 많은 토론을 벌리면서 점점 성숙되었다. 그래서 솔직히 말하자면 이 글에서 적지 않은 부분이 그들의 몫이라고 해도 과언이 아니다.

특히 히브리서의 구속사에 관한 부분은 2001년 8월에 성경신학회에

서 읽고(그것은 성경신학회가 발행하는 「교회와 문화」 8호[2002년]에 실려 있다),
다시 2004년 개혁주의 성경연구소의 겨울수련회에서 읽었던 논문을
가능한 한 평이하게 풀어놓은 것이다. 그 논문은 잘 손질해서 다른
곳에 게재할 생각이다.

부록에 설교 한 편을 붙였다. 이 설교는 히브리서 11:20과 창세기
27:26~29를 본문으로 삼아 "아브라함과 야곱 사이(Between Abraham
and Jacob)"라는 제목으로 「심포지움 프로 에클레시아」(Symposium Pro
Ecclesia) 제2권 2호(2003)에 실었던 것인데 약간 첨삭을 하였다.

종이가 해지고 실밥이 터지도록 히브리서를 헤아릴 수 없이 들여다
보았으며, 원고를 쓰고 고치기를 얼마나 반복했는지 모르겠다. 그러
나 신비한 세계는 아직도 여전히 신비롭다. 그래서 상에서 떨어진 부
스러기 같은 이 정도의 글로 만족하기로 마음을 굳혔다. 아무쪼록 독
자들이 이 부스러기를 읽고 하나님의 신비로운 세계를 조금이라도
맛보기를 기도한다.

교정을 도와준 이복우 목사님과 색인 작업을 도와준 김학문 목사님
에게 진심으로 감사를 드린다.

2007년 7월 더위가 기승을 부리는 날에

저자 조병수

개정판 머리글

꼭 5년 전에 세상에 처음 선보인 이 책을 가지고 여러 차례 강의를 해본 결과 히브리서 연구 결과에 대한 나의 확신은 더욱 든든해졌다.

이번 개정판에는 새로운 내용을 첨가한 것은 없고 단지 오자를 고치는 것이 주된 작업이었다. 개정을 위해서 수고한 신현학 실장님께 감사드린다.

2012년 8월 무더위의 한복판에서
저자 조병수

개정2판 머리글

앞의 개정판을 여러 부분 손질하였다. 출판을 위해서 수고한 이창균 계장님과 김민정 선생님께 감사드린다.

2021년 6월 녹엽이 짙어가는 산자락에서
저자 조병수

차례

제1장 **히브리서의 구조**

제2장 히브리서의 구속사

제3장 히브리서의 기독론

"우리가 이 소망을 가지고 있는 것은
영혼의 닻 같아서
튼튼하고 견고하여
휘장 안에 들어 가나니"(히 6:19).

히브리서는 신약성경 가운데 가장 흥미로운 책 중에 하나이다. 기록자가 베일에 감추어져 있다는 것 그 자체가 흥미를 유발시키기에 충분하다. 신약성경에서 대부분의 책들은 글을 쓰고 있는 사람이 누구인지 밝히고 있다. 예외가 있다면 복음서(그리고 사도행전)와 요한서신 그리고 히브리서이다. 히브리서는 바로 이 예외에 속한다. 대개 그렇듯이 기록자의 이름이 감추어져 있는 경우에 그 저술은 훨씬 비밀스러워 보이는 법이다.

그러나 저작권 문제는 뒤로하더라도 히브리서가 흥미로운 까닭은 서두부터 집약적이며 강렬한 언어로 시작된다는 사실에 있다. 아마도 이런 모습은 히브리서의 자기선언(manifesto)이라고 부를 수 있을 것이다. 무엇보다도 창세기적인 표현인 "하나님이 말씀하셨다"(1:1)로 글을 여는 것은 히브리서가 가히 창세기와 맞먹는 위치에 있다는 것을 보여준다.

태초를 강조하면서 로고스의 존재를 언급하는 요한복음이나 시작을 강조하면서 예수 그리스도의 활동에 초점을 맞추는 마가복음과 달리 하나님의 언어사건을 언급하면서 종말을 강조하는 데 히브리서의 신비가 있다. 게다가 겨우 한 다스 정도의 단어를 가지고 계시의 역사를 모조리 아우르는 듯한 첫 문장은 구약성경을 한 줄로 요약해버리는 히브리서의 놀라운 기량을 보여준다.

마태복음이 첫 줄에서 대표적인 구약인물 아브라함과 다윗 두 사람으로 예수 그리스도의 계보를 압축해버린 것도 경탄할만한 일이며, 누가복음이 복음의 역사를 정리하기 위해서 자신보다 앞에 있었던 기자들을 한 묶음으로 만든 것도 멋있는 일이지만, 히브리서가 하나님의 장구한 계시를 한 움큼으로 쥐어버린 것은 정말로 입을 다물지 못하게 만든다.

하지만 히브리서의 흥미는 여기에서 그치지 않는다. 장엄한 시작이 주는 흥미는 그저 시작에 불과하다. 히브리서를 찬찬히 읽어 내려가다 보면 대제사장의 에봇에 박아놓은 열두 개의 보석처럼 찬란하고 영롱하게 광채를 발하는 보석들이 손에 만져지는 것을 느낄 수가 있다.

서두가 채 끝나기도 전에 하나님의 아들 예수 그리스도의 영광스럽게 빛나는 모습을 생동감 있게 묘사하는 것은 히브리서만이 가지고 있는 능력이다. 물론 요한계시록 같은 책도 예수 그리스도의 위엄스런 모습을 찬연하게 드러낸다. 요한계시록은 우리가 세상에서 마주치는 금띠, 양털, 불꽃, 주석, 물소리, 별, 날선 검, 해 따위의 여러 가지 비유어와 수식어를 다채롭게 열거하고 나서야 비로소 이것을 성취할 수 있었다. 그러나 히브리서는 오직 신약성경에 한 번씩만 나오는 '광채'와 '형상'이라는 두 개의 형이상학적인 단어를 가지고 예수 그리스도의 모습을 묘사하는 일을 전격적으로 처리했다.

히브리서의 본문을 읽어볼 때 그 안에 있는 보석들은 아무리 양보해도 바울서신을 비롯하여 신약성경의 다른 책들이 가지고 있는 보석들과 동일한 상자에 담을 수가 없다. 이것은 어느 보석이 더 낫냐 더 못하냐를 따지는 것이 아니라, 광채가 그만큼 서로 다르다는 것이다. 각 책에 들어있는 보석들이 너무나도 선명하게 서로 다른 빛깔을 발산하고 있기 때문에 마구잡이로 섞어버릴 수 없다는 말이다.

아마도 히브리서의 보석들 가운데 백미는 하나님의 아들 기독론과 함께 대제사장 기독론일 것이다. 이것이 신약성경의 다른 책들에서도 넌지시 암시되고 있는 것은 사실이지만 히브리서만큼 자세하고 강력하게 제시하는 책은 없는 것처럼 보인다. 게다가 신약성경의 다른 책에서는 발견할 수 없는 멜기세덱 대제사장 기독론이 히브리서에 명료하게 전개되고 있다는 것은 신비감에 신비감을 더해준다.

여기에서 한 가지 더 생각해 볼 것이 있다. 그것은 흥미롭다는 말을 뒤집어 보면 어렵다는 의미가 될 수 있다는 것이다. 실제로 히브리서는 흥미로운 만큼 어렵다. 그래서 히브리서는 결코 흥미만을 가지고는 접근할 수 없는 책이다. 아마도 그렇게 했다가는 히브리서의 대문을 열기도 전에 혼쭐나서 도망을 치고 말 것이다. 왜냐하면 그런 식으로는 히브리서의 대문이 잘 열리지도 않을 뿐 아니라 혹시 대문을 열고 안으로 발을 들여놓는다 할지라도 길이 매우 복잡한 듯이 느껴져 질겁하게 될 것이기 때문이다.

이런 의미에서 히브리서는 분명히 갈 바를 알지 못하는 미로의 책이다. 그런데 미로이지만 다행히 입구에서 중심까지 길을 잃지 않고 따라가도록 실타래를 풀어놓은 미로이다. 게다가 실타래에서 풀려 나오는 실은 어둠 속에서도 충분히 반짝거릴 수 있는 야광의 보석을 엮어놓은 실이다. 그래서 히브리서에 접근하는 독자가 믿음을 가지고 겸손하게 야광의 보석을 달고 있는 실의 안내를 받아 천천히 그 안으로 들어가면 히브리서의 신비한 세계를 체험하는 데 큰 어려움이 없을 것이다.

"우리가 이 소망을 가지고 있는 것은
영혼의 닻 같아서
튼튼하고 견고하여
휘장 안에 들어 가나니" (히 6:19).

히브리서의 구조

제1장
히브리서
의 구조

구조를 파악하는 것은 사물을 이해하는 데 지름길이 된다. 이 때문에 웬만한 기계들은 새로 구입해보면 첨부된 지침서에 꼭 그 기계의 구조도를 면밀하게 살펴보라는 요청의 말이 적혀있다. 도시를 잘 알기 위해서는 그 도시의 구조를 파악해보는 것이 좋듯이, 책의 구조를 숙지할 때 그 책의 내용을 훨씬 정확하게 깨달을 수 있다. 이것은 성경에도 해당되는 말이다. 성경의 한 책을 바르게 이해하려면 그 책의 구조를 찬찬히 관찰해야 한다. 그래서 히브리서를 연구하기 위해서는 무엇보다도 먼저 히브리서의 구조에 관심을 가져야 하는 것이다.

히브리서의 생김새는 언뜻 보면 매우 막연하다. 다양한 내용들이 마구 섞여 있는 것처럼 보이기 때문이다. 그래서 어디에서 어디까지가 한 단락을 이루는지 분별하기가 쉽지 않다. 히브리서의 체계를 분석하려는 많은 사람들의 노력이 실패로 그치고 마는 것은 이 때문이다. 하지만 오르고 또 오르면 못 오를 산이 없듯이 히브리서를 관찰하고 또 관찰하면 그 구조를 파악하지 못할 리가 없다. 문제는 성경에 대한 끈질긴 도전이 있느냐 하는 것이다. 어차피 성경은 많은 부분이 읽고 알도록 주어진 것이므로 그 문을 두드리는 자에게는 상당히 열리게 되어 있다.

성경의 모든 책이 그러하듯이 히브리서는 오늘날 우리의 문서방식과 달리 책머리에 목차도 없고 글이 흐르는 과정에 제목들도 가지고 있지 않기 때문에 한 가지 방식으로만 구조를 논하려고 고집하는 것은 매우 잘못된 일이다. 목차와 제목의 부재는 구조에 있어서 히브리서가 스스로 다양한 방식으로 이해되기를 기다리고 있다는 것을 의미한다. 따라서 가능한 한 다각도로 히브리서의 모습을 보는 것이 바람직하다. 이렇게 여러 차원으로 시도하다 보면 히브리서의 틀을 훨씬 풍성하고 확실하게 발견하는 유익을 얻게 된다. 이런 이유 때문에 다음과 같이 몇 가지 방식으로 히브리서의 구조를 살펴보고자 한다.

I. 문단 분리어 고찰

글을 쓰는 사람은 의식적으로건 무의식적으로건 문단을 나누는 표현을 사용하는 법이다. 때로는 글의 흐름에 나타나는 복잡성을 피하고 문맥을 정리할 수 있도록 하기 위하여 의도적으로 문단 분리어들이 사용된다. 그러나 또한 글 쓰는 사람이 자신도 의식하지 못하는 가운데 자연스럽게 단락을 구분하는 말들을 사용하는 경우가 적지 않다. 히브리서를 면밀하게 살펴보면 의도성을 따지기는 매우 어렵지만 그 구조를 파악하는 데 결정적인 도움을 주는 분리어들이 몇 가지 발견된다. 예를 들면 히브리서의 마지막 부분에 사용된 희구법 "온전하게 하시기를 바란다"(καταρτίσαι)는 이 서신의 결론을 확정지어준다(히 13:21).

히브리서에서 사용된 분리어들 가운데 가장 중요한 것은 히브리서 8:1에 나오는 "말하고 있는 것들에 대한 요점은 이것이다"(κεφάλαιον δὲ ἐπὶ τοῖς λεγομένοις)라는 표현이다. 이것은 앞에서부터 죽 말해온 내용들의 핵심이 무엇인지를 보여준다. 그것은 한마디로 말해서 "우리가 이러한 대제사장을 가지고 있다"(τοιοῦτον ἔχομεν ἀρχιερέα)는 것이다(히 8:1). 그러면 히브리서는 이 이야기를 어디에서부터 시작하였는가? 문맥을 거슬러 올라가 보면 이 이야기는 히브리서 4:14에서부터 출발하였다: "그러므로 큰 대제사장을 가지고 있으므로"(ἔχοντες οὖν ἀρχιερέα μέγαν).

다시 말하자면 대제사장에 대한 이야기의 시작어는 히브리서 4:14이며 종결어는 히브리서 8:1이다. 시작어와 종결어의 일치에서 한 단락은 쉽게 결정된다. 이것은 자연스럽게 히브리서 4:14 바로 앞에서 또 하나의 단락이 끝났다는 것을 알려주며, 히브리서 8:1 바로 뒤에서 또 하나의 단락이 시작한다는 것을 알려준다. 이렇게 볼 때 히브리서는 우선 다음과 같이 세 단락으로 구분된다.

1:1~4:13	4:14~7:28	8:1~13:25

이제 위에서 말한 문단 분리어들을 중심으로 히브리서를 다시 한 번 자세히 살펴본다.

1. 히브리서 1:1~4:13

히브리서의 첫 단락이 히브리서 1:1에서 시작하여 히브리서 4:13에서 끝난다. 이것은 히브리서 4:14로부터 새로운 단락이 도입되는 것으로부터 알 수 있다. 이 단락은 처음부터 예수 그리스도께서 하나님의 아들이라는 사실에 초점을 두고 있다(히 1:1-2).

2. 히브리서 4:14~7:28

히브리서가 4:14에서 8:1까지 한 단락을 이루고 있다는 것은 시작어와 종결어의 일치에서 쉽게 알 수 있다. 이 단락의 요점은 우리가 대제사장을 가지고 있다는 것이다. 따라서 이 단락은 히브리서 4:14에서 "그러므로 큰 대제사장을 가지고 있으므로"(ἔχοντες οὖν ἀρχιερέα μέγαν)라는 말로 시작하고는, 히브리서 8:1에서 "말하고 있는 것들에 대한 요점은 이것이다"(κεφάλαιον δὲ ἐπὶ τοῖς λεγομένοις)라고 제시하면서 "우리가 이러한 대제사장을 가지고 있다"(τοιοῦτον ἔχομεν ἀρχιερέα)라고 종결한다.

3. 히브리서 8:1 ~ 10:18

앞에서 살펴본 바와 같이 히브리서 8:1은 새로운 단락을 시작하는 분기구절이다. 이 단락의 주제는 대제사장이신 예수 그리스도께서 하나님의 보좌의 '우편에'(ἐν δεξιᾷ)에 앉으셨다는 것이다(cf. 히 1:3,13). 하나님의 보좌 우편에 관한 진술은 히브리서 10:12('하나님의 우편') 이하에서 일단락을 짓는다(히 10:18). 하나님 우편은 하늘 성소와 연관되는 개념이다. 그래서 이 단락의 전체 주제는 (하늘) 성소라고 말할 수 있다.

4. 히브리서 10:19 ~ 13:19

이 단락에서는 '담대함'($\pi\alpha\rho\rho\eta\sigma\acute{\iota}\alpha$)으로 나아가자는 새로운 주제가 떠오른다(히 10:19; cf. 10:35). 그래서 이 단락은 '나아간다'($\pi\rho\sigma\acute{\epsilon}\rho\chi\epsilon\sigma\theta\alpha\iota$, 히 10:22; 11:6; 12:18, 22) 또는 이와 유사한 용어들('나가다' $\acute{\epsilon}\xi\acute{\epsilon}\rho\chi\epsilon\sigma\theta\alpha\iota$, 히 13:13)을 반복하다가 결국 히브리서 13:20~21에서 희구법에 의한 소원이 나오기 직전(히 13:19)에서 마무리된다.

5. 히브리서 13:20 ~ 25

희구법에 의한 소원을 말하는 히브리서 13:20~21에서부터 히브리서의 결론이 선명하게 나타난다. 이에 더하여 히브리서의 결론에는 권면(히 13:22~23)과 문안(히 13:24)과 기원(히 13:25)이 들어있다.

이렇게 볼 때 히브리서는 다음과 같이 다섯 부분으로 구성되는 것을 알 수 있다.

1:1~4:13	4:14~7:28	8:1~10:18	10:19~13:19	13:20~25

II. 요약어 히브리서 4:14~16의 의미

어떤 장르에서든지 잘 쓴 문서는 내용을 압축해놓은 단락을 가진다. 역으로 말하자면 적절한 부분에 요점을 담은 단락이 있는 문서는 훌

류한 문서이다. 그래서 글을 쓰는 사람들은 필요하다고 생각하는 곳에 전체 내용을 핵심적으로 진술하는 문단을 배치하려는 시도를 한다. 두 말할 것 없이 히브리서에도 이런 압축단락이 있다. 그것은 히브리서 4:14~16이다.

히브리서 4:14~16은 앞 단락과 뒤 단락을 연결해주는 고리와 같은 역할을 한다. 이것은 앞 단락의 결론이자 동시에 뒤 단락의 서론으로 기능한다. 따라서 이것은 어느 단락에 배속시켜도 크게 문제가 되지 않는다. 어쨌든 히브리서 4:14~16에서 히브리서의 요점이 발견된다. 이 단락을 핵심구절로 생각하는 이유는 여기에 '대제사장'($\dot{\alpha}\rho\chi\iota\epsilon\rho\epsilon\acute{u}\varsigma$, 14, 15), '하나님의 아들'($\upsilon\acute{\iota}o\varsigma\ \tau o\tilde{u}\ \theta\epsilon o\tilde{u}$, 14), '담대함'($\pi\alpha\rho\rho\eta\sigma\acute{\iota}\alpha$, 16), '보좌'($\theta\rho\acute{o}\nu o\varsigma$, 16)와 같은 히브리서의 중요한 주제단어들이 들어있기 때문이다. 이 단어들은 다음과 같이 히브리서에 자주 등장한다.

> **대제사장**($\dot{\alpha}\rho\chi\iota\epsilon\rho\epsilon\acute{u}\varsigma$): 2:17; 3:1; 4:14, 15; 5:1, 5, 10; 6:20; 7:26, 27, 28; 8:1, 3; 9:7, 11, 25; 13:11(또는 **제사장**[$\iota\epsilon\rho\epsilon\acute{u}\varsigma$]: 5:6; 7:1, 3, 11, 14, 15, 17, 20, 21, 23; 8:4; 9:6; 10:11, 21).
>
> **하나님의 아들**($\upsilon\acute{\iota}o\varsigma\ \tau o\tilde{u}\ \theta\epsilon o\tilde{u}$): 1:2, 5 bis, 8; 2:6, 10; 3:6; 4:14; 5:5, 8; 6:6; 7:3, 28; 10:29.
>
> **담대함**($\pi\alpha\rho\rho\eta\sigma\acute{\iota}\alpha$): 3:6; 4:16; 10:19, 35.
>
> **보좌**($\theta\rho\acute{o}\nu o\varsigma$): 1:8; 4:16; 8:1; 12:2.

따라서 이 단어들이 히브리서에서 핵심단어들이라는 사실을 어렵지 않게 알 수 있다. 이와 같은 핵심단어들을 중심으로 히브리서의 구조를 생각해 볼 수 있다.

1. 하나님의 아들(히 1:1 ~ 4:13)

히브리서는 첫째 단락을 먼저 예수 그리스도께서 '하나님의 아들'($υἱὸς$ $τοῦ θεοῦ$)이심을 밝히는 것으로 시작한다(히 1:1~4:13). 이것을 증명하기 위하여 히브리서는 여러 가지 구약성경 구절들을 인용한다.

이 단락은 먼저 예수 그리스도께서 하나님의 아들이라는 사실이 무엇을 가리키는지 설명한다(히 1:1~4). 특히 중요한 것은 하나님의 아들이 하나님께서 말씀하시는 수단이 된다는 사실이다(히 1:2).

이어서 하나님의 아들은 천사와 비교된다(히 1:5~2:18). 히브리서 처음 두 장에는 천사들이 자주 언급되는 것에 주목할 필요가 있다. 천사들은 하나님의 사역자들($λειτουργοί, λειτουργικὰ πνεύματα$)에 지나지 않지만(히 1:7,14), 하나님의 아들은 하나님에 의하여 즐거움의 기름을 부음 받은 분이다(히 1:8~9).

마지막으로, 이 단락은 하나님 아들 예수 그리스도와 하나님의 종 모세 사이에 어떤 관계가 있는지를 알려준다(히 3:1~4:13). 모세와 예수님은 다같이 하나님께 믿음($πίστις, πιστός$)을 보였다는 점에서(히 3:2) 불신($ἀπιστία, ἄπιστος, ἀπείθεια$)을 보인 모세 시대의 불신자들(히 3:19)이나 히브리서 시대의 불신자들(히 4:2)과 전적으로 다르다.

> **1. 하나님의 아들 예수님**(히 1:1~4:13)
>   1) 하나님의 아들의 본질(히 1:1~4)
>   2) 하나님의 아들과 천사(히 1:5~2:18)
>   3) 하나님의 아들과 모세(히 3:1~4:13)

2. 대제사장(히 5:1 ~ 7:28)

히브리서는 예수 그리스도께서 대제사장(ἀρχιερεύς)이라는 사실을 설명하기 위하여 총력을 기울인다. 히브리서는 예수 그리스도가 대제사장이라는 사실을 반복하여 진술함으로써(히 2:17; 3:1; 4:14, 15; 5:1, 5, 10; 6:20; 7:26, 27, 28; 8:1, 3; 9:7, 11, 25; 10:11; 13:11), 대제사장 기독론이 히브리서의 기독론에서 가장 중요한 주제들 가운데 하나인 것을 보여준다.

사실상 예수 그리스도를 대제사장으로 설명하는 것은 히브리서의 구조에서 결정적인 위치를 점유한다. 왜냐하면 다음의 도표에서 볼 수 있듯이 히브리서의 흐름은 대제사장이신 예수 그리스도에 대한 언급에서 자주 전환점을 이루기 때문이다.

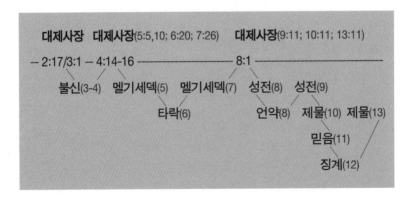

히브리서는 먼저 히브리서 2:17에서 예수 그리스도를 대제사장으로 소개하고 나서 하나님 백성의 불신문제를 다룬다(3~4장). 그 후 히브리서는 다시 히브리서 4:14 이하에서 예수 그리스도를 대제사장으로 언급하면서 멜기세덱(5장)에 관하여 말하고 그 사이에 신자의 타락(6장)에 관하여 말한 다음 멜기세덱(7장)에 관한 이야기로 돌아온다. 마지막으로 히브리서 8:1에서 예수 그리스도는 다시 대제사장으로 설명된다. 여기에서 히브리서는 성전(8장)을 말하고 나서 언약(8장)에 관하여 말한 다음 다시 성전(9장)으로 이야기로 돌아간다. 그 후 히브리서는 제물(10장)에서 믿음(11장)으로, 믿음에서 징계(12장)로 이야기를 전진하다가 결국은 제물에 관한 진술로 돌아간다(13장).

특히 히브리서는 본 단락(히 5:1~7:28)에서 예수 그리스도가 대제사장이라는 사실을 집중적으로 진술한다. 이미 살펴본 것처럼 앞 단락과 이 단락 사이에 연결고리와 같은 역할을 하면서 히브리서의 요점을 알려주는 문단이 들어있다(히 4:14~16). 사실 이 문단은 앞 단락의 결론이면서 동시에 이 단락의 서론이다. 그래서 어느 단락에 배속을 시켜도 크게 문제가 되지 않는다. 이런 까닭에 이 문단을 앞 단락의 결론과 이 단락의 서론으로 두 번 반복하여 언급하는 것이 좋을 것 같다.

히브리서는 이미 앞에서 예수 그리스도를 대제사장으로 정의하였는데(히 2:17; 3:1) 이 단락(히 5:1~7:28)에서는 예수 그리스도께서 대제사장이 되신 것의 원인이 무엇인지를 알려준다. 예수 그리스도께서 대제사장이 되신 것은 하나님의 부르심에 근거한다(히 5:1~10). 하나님께서는 예수 그리스도를 가리켜 멜기세덱의 반차를 따르는 대제사장이라고 칭하셨다(히 5:10).

사실상 히브리서는 이쯤에서 멜기세덱에 대하여 자세히 가르쳐주려
고 했으나 도리어 수신자들이 듣기에 둔하다는 문제를 지적하는 데
많은 지면을 할애하게 되었다(히 5:11~6:20).

그리고 나서야 비로소 히브리서는 다시 예수 그리스도께서 멜기세
덱의 반차를 따르는 대제사장이라는 진리를 밝히는 일에 큰 힘을 기
울인다(히 7:1~28).

◆ **요점** (히 4:14~16)

 2. 대제사장 예수님(히 5:1~7:28)

  1) 대제사장 되심의 원인(히 5:1~10)

  2) 수신자에 대한 책망(히 5:11~6:20)

  3) 멜기세덱 대제사장 신학(히 7:1~28)

---

3. 보좌(히 8:1~10:18)

이 단락에서 예수 그리스도의 위치와 관련하여 부각되는 것은 '보
좌'(θρόνος)이다(히 8:1~10:18). 예수 그리스도는 하나님의 보좌 우편에
앉으신 분이다(히 8:1). 히브리서에는 '우편'에 대한 모티브(히 1:3,13;
8:1; 10:12; 12:2)와 '보좌'에 대한 모티브(히 1:8; 4:16; 8:1; 12:2)가 처음부
터 끝까지 고르게 분포되어 있다. 그런데 히브리서에서는 하늘에
있는 보좌가 아무런 어려움이 없이 성소라는 개념으로 전환된다(히

8:2; 우리는 여기에서 당시의 메르카바 신학을 엿볼 수 있다). 그래서 이 단락은 보좌−성소를 핵심적인 주제로 삼아 이야기를 전개한다.

먼저 히브리서는 이 단락에서 하늘의 성소와 땅의 성소는 그 유래가 동일하다는 것을 강조한다(히 8:1~5). 두 성소는 모두 하나님에게서 시작되었다(히 8:2, 5).

그런데 이 두 성소와 관련하여 중요한 것은 언약이다(히 8:6~13). 언약은 시대에 따라 첫 언약과 새 언약이라고 불릴 수 있지만 그 내용에 있어서는 언제나 동일하다. 왜냐하면 "나는 그들에게 하나님이 되고 그들은 내게 백성이 되리라"(히 8:10)는 언약의 내용은 어떤 시대에도 불변이기 때문이다.

이제 이 단락에서 히브리서는 구약시대의 대제사장들이 성소에서 행한 제사를 설명하고(히 9:1~10), 예수 그리스도께서 손으로 짓지 아니한 성소로 말미암아 행하신 제사를 설명하면서(히 9:11~22), 제물을 중심으로 두 제사를 비교한다(히 9:23~10:18).

3. 보좌 − 성소의 예수님(히 8:1~10:18)
  1) 두 성소: 하늘 성소와 땅 성소의 유래(히 8:1~5)
  2) 두 언약(히 8:6~13)
  3) 두 제사: 대제사장들의 제사법과 예수 그리스도의 제사법 비교
    (히 9:1~10:18)

4. 담대함(히 10:19 ~ 13:19)

이 넷째 단락에서 히브리서의 관심은 '담대함'(παρρησία)이라는 단어에 쏠린다. 신자들은 예수 그리스도의 피를 힘입어 성소에 들어갈 담대함을 얻었다(히 10:19). 이 단어는 이미 예수 그리스도께서 하나님께 보여준 충성(믿음)을 다루는 곳에서 언급됨으로써 믿음과 관계가 있다는 것이 드러난 바 있는데(히 3:6), 히브리서의 후반부에 이르러서는 이 사실이 더욱 분명하게 나타난다. 히브리서는 신자들이 지켜야 할 담대함이란 결국 믿음이라고 알려준다(히 10:35, 38, 39).

이 단락의 첫째 부분(히 10:19~39)은 먼저 믿음으로 하나님께 나아가자고 권면한다(히 10:22). 또한 둘째 부분(히 11:1~12:3)에서는 믿음의 열전을 기록하면서 믿음의 시작자이시며 종결자이신 예수 그리스도를 바라보자고 권면한다(히 12:2). 그 이후로 다양한 주제를 가지고 믿음을 가진 신자들의 삶을 제시한다(히 12:4~13:19).

> **4. 담대함 – 믿음의 예수님**(히 10:19~13:19)
> 　1) 믿음으로 하나님께 나아가자(히 10:19~39)
> 　2) 믿음의 시작자이시며 종결자이신 예수 그리스도를 바라보자
> 　　(히 11:1~12:3)
> 　3) 믿음을 가진 신자들의 삶(히 12:4~13:19)

5. 결문(히 13:20 ~ 25)

히브리서에는 서문은 없으나 결문은 있다. 히브리서는 소원(히

13:20~21)과 권면(히 13:22~23)과 문안(히 13:24)과 기원(히 13:25)으로 끝맺는다.

III. 구약해설

설교는 성경의 본문에 충실할수록 영원에 육박하는 가치를 얻는다. 히브리서는 구약성경의 본문들을 토대로 하여 기록된 일종의 설교이다. 히브리서에는 구약성경이 대략 30여 개 이상 인용된다(참조. 조병수, "히브리서의 구약성경 인용", 169~180). 그런데 이 가운데서 히브리서에 사용된 구약성경의 핵심구절들은 하나님의 아들에 대하여 말하는 11개의 연속인용(히 1~2장), 안식에 관해서 말하는 시편 95:7~11(히 3:7~11), 멜기세덱에 대하여 말하는 시편 110:4(히 5:6), 언약에 관하여 말하는 예레미야 31:31~34(히 8:8~12), 믿음에 관해서 말하는 하박국 2:3~4(히 10:37~38)이다.

이 구절들은 히브리서의 중요 인용으로서 대체적으로 히브리서의 다섯 단락을 구성하는 것이 된다. 히브리서 1~2장에 나오는 연속인용이 하나님의 아들을 설명하는 것에 이어서, 히브리서 3~4장은 영원한 안식에 관한 해석이며, 히브리서 5~7장은 영원한 대제사장에 대한 해석이며, 히브리서 8~9장은 새 언약에 관한 해석이며, 히브리서 10~13장은 믿음에 관한 해석이다. 그러므로 우리는 핵심적인 구약성구의 사용을 중심으로 히브리서의 구조를 다음과 같이 분해할 수 있다.

- 1~2장: 11개의 구약성구 해설(하나님의 아들)
- 3~4장: 시편 95:7~11(히 3:7~11) 해설(영원한 안식)
- 5~7장: 시편 110:4(히 5:6) 해설(영원한 대제사장)
- 8~9장: 예레미야 31:31~34(히 8:8~12) 해설(새 언약)
- 10~13장: 하박국 2:3~4(히 10:37~38) 해설(믿음)

1. 히브리서 1~2장: 11개의 구약성구 해설(하나님의 아들)

가장 먼저 히브리서는 하나님의 아들에 대하여 설명하기 위해서 연속적으로 인용한 11개의 구약성구(catena)를 다음과 같이 해설한다. 이것은 일종의 성구모음(florilegium)의 성격을 가지는데 마치 쿰란에서 발견된 성구모음집(1Qflor.)과 비슷하다. 11개의 성구는 다음과 같이 연속된다.

천사 히 1:5a(시 2:7 인용) 신분/출산
히 1:5b(삼하 7:14; 대상 17:13 참조) 언약
아들 히 1:6(신 32:43 LXX 인용; 시 96:7 참조) 천사 경배
천사 히 1:7(시 103:4 인용) 천사(바람/불꽃)
아들 히 1:8f.(시 44:7f. 인용) 기름부음
히 1:10~12(시 101:26~28 인용) 영원
천사 히 1:13(시 109:1 인용) 우편
히 2:6~8(시 8:5~7 인용) 만물복종
히 2:12(시 21:23 인용) 형제
히 2:13a(사 8:17 인용; 참조. 12:2; 삼하 22:3) 의지
히 2:13b(사 8:18 인용) 자녀

여기에는 하나님의 아들과 천사들이 비교되기 때문에 하나님의 아들에 대한 구약성구 뿐 아니라 천사에 대한 구약성구도 인용된다.

히브리서 1:5a는 시편 2:7을 인용하고 있는데 부자관계를 가장 명확하게 보여주는 구절이다. 이것은 "너는 내 아들이라"는 표현과 "오늘 내가 너를 낳았다"는 표현으로부터 의심할 것이 없다. 전자가 신분확인에 의하여 하나님과 아들의 부자관계를 입증한다면, 후자는 하나님과 아들의 부자관계를 출산확인으로 증명한다. 특히 하나님의 아들은 바로 이어지는 절에서 '맏아들'(πρωτότοκος)이라고 불림으로써(히 1:6) 하나님과의 부자관계가 한층 더 깊게 드러난다(신자들도 맏아들이신 예수님 이후에 하나님의 자녀들이 될 것을 암시한다). 시편 2:7 인용은 '아들'에 대한 말과 '오늘'에 대한 말을 연결시키는 히브리서 3:6~7을 준비하며, '아들'과 '대제사장'을 연결시키는 히브리서 5:5~6을 바라본다.

히브리서 1:5b에 인용된 사무엘하 7:14(대상 17:13 참조)는 아버지와 아들의 관계가 언약적인 성격으로 묘사된다. 이것은 옛 언약과 새 언약의 내용을 예고하고 있다(히 8:10).

히브리서 1:6(신 32:43 LXX 인용; 시 96:7 참조)은 하나님의 아들이 하나님의 모든 천사들에게 경배를 받을 것임을 말하고 있다. 이렇게 하여 하나님에 대하여 하나님의 아들은 바람과 불꽃같은 존재에 지나지 않는 천사들(히 1:7)과 확연하게 다른 관계를 가진다. 그래서 시편 44:7f.(LXX)를 인용하는 히브리서 1:8f.는 하나님께서 즐거움의 기름을 아들에게 붓는다고 말한다.

결국 하나님께서는 아들의 원수를 굴복시키시고 하나님의 우편에 앉게 하실 것이다(히 1:13; 시 110[LXX 109]:1 인용). 이것은 히브리서 8:1; 10:12; 12:2를 내다보게 하는 말이다.

그런데 히브리서 2:6~8은 시편 8:5~7(LXX)을 인용하면서 마침내는 하나님께서 천사 뿐 아니라 만물도 하나님의 아들에게 복종시키게 되었다고 해설한다.

마지막으로 히브리서는 이런 하나님의 아들이 많은 사람들을 하나님의 자녀들로 만들어 형제들을 얻게 될 것이며(히 2:12; 시 21:23[LXX] 인용), 철저하게 하나님을 의지하면서(히 2:13a; 사 8:17 인용; 참조. 사 12:2; 삼하 22:3), 하나님께서 주신 자녀들과 동일한 관계를 가지게 될 것이라고(히 2:13b; 사 8:18 인용) 해설한다.

2. 히브리서 3~4장: 시편 95:7~11(히 3:7~11) 해설(영원한 안식)

둘째로, 히브리서는 영원한 안식에 관하여 설명하기 위해서 미드라쉬(Midrash) 방식을 사용하여 시편 95[LXX 94]:7~11(히 3:7~11)을 해설한다. 다시 말하자면 시편 95:7~11에 들어있는 중요한 말들에 초점을 맞추면서 그것들을 히브리서의 수신자들에게 현실적으로 교훈을 주는 것으로 해석하는 것이다. 히브리서는 시편 95:7~11에서 '오늘'(히 3:7), '격노'(히 3:8, 10, 11), '안식에 들어가다'(히 3:11)라는 세 가지 말에 관심을 모았고 그것들을 다음과 같이 해설하였다.

1) '오늘' 해석(히 3:12~14)

히브리서는 시편 95:7~11을 인용하고 나서(히 3:7~11) 가장 먼저 '오늘'(σήμερον)이라는 말을 해석하였다(히 3:12~14). 시편의 '오늘'은 최소한 세 가지 차원을 가진다. 그것은 출애굽 시대의 현실을 전제로 하여(모세, 히 3:16), 시편의 현실을 가리키며(다윗, 히 4:7), 히브리서의 현실에 적용된다('형제들,' 히 3:12f.). 그러므로 이 '오늘'은 물리적인 시간을 초월하여 어느 때든지 적용될 수 있는 형이상학적인 현실이다. 히브리서는 '오늘'의 현실에 있는 신자들에게 믿음을 견지함으로써 죄의 유혹으로 강퍅하게 되지 말 것을 권면한다(히 3:12~13).

시대	대상	시간 개념
히브리서 시대	형제들(히 3:12f.)	"매일"(히 3:13)
시편 시대	다윗(히 4:7)	"오늘"(히 3:8)
출애굽 시대	모세(히 3:16)	"시험하던 날"(히 3:8)

2) '격노' 해석(히 3:15~17)

이어서 히브리서가 해석한 말은 '격노'(παραπικρασμός, 히 3:8, 16), '노하다'(προσοχθίζω, 히 3:10, 17), '노'(ὀργή, 히 3:11)이다(히 3:15~17). 히브리서는 이 단어를 해석하기 전에 다시 한 번 해당되는 본문을 잘라서 인용하였다(히 3:15; 시 95:7~8 인용). 히브리서는 하나님께서 분노하신

대상이 누구인지 두 번 묻는다(히 3:16, 17). 분노의 대상은 애굽에서 나왔음에도 불구하고 범죄한 사람들이었다. 구원의 은혜를 받았지만 믿음을 저버리고 마음을 강퍅하게 하여 범죄한 자들은 언제나 하나님의 분노의 대상이 된다.

3) '안식에 들어가다' 해석(히 3:18~4:11)

마지막으로, 히브리서는 '안식에 들어오지 못하리라'는 말을 해석한다(히 3:18~4:13). 이것을 해석하기 위하여 히브리서는 또 다시 관계된 본문을 떼어내어 인용한다(히 3:18; 4:3, 5). 안식과 관련하여 히브리서는 세 가지를 염두에 둔다. 그것은 창조의 안식(히 4:3~4), 가나안의 안식(히 4:8), 영원한 안식(히 4:1, 3, 6, 9, 11)이다.

안식은 만물이 완성된 창조시의 제7일에서 이미 시작되었다(히 4:3). 그럼에도 불구하고 하나님께서는 애굽에서 나온 이스라엘 백성에게 하나님의 안식에 들어오지 못하리라고 말씀하셨다(히 3:18; 4:3, 5). 왜냐하면 그들은 복음을 받고(히 4:2, 6) 말씀을 들은(히 3:16; 4:2) 자들이었지만 순종하지 않고 믿지 않았기 때문이다(히 3:18~19; 4:2, 6). 이런 의미에서 여호수아가 이스라엘 백성에게 준 안식마저도 진정한 안식이라고 할 수가 없다(히 4:8). 그러므로 하나님의 안식에 들어갈 약속은 아직 남아있다(히 4:1). 다시 말하자면 하나님의 백성에게 안식은 아직 남아있다(히 4:9).

그런데 놀랍게도 믿음은 과거의 신자들에게 이 안식을 선취하게 만들며 현재의 신자들에게 이 안식을 향유하게 만든다. 과거의 신자들은 벌써 하나님의 안식에 들어가서 쉬고 있으며(히 4:10), 현재의 신자들은 지금 하나님의 안식에 들어가고 있다(히 4:3). 그러므로 히브리서는 불순종과 불신앙에 빠지지 않도록 주의를 주면서(히 4:1, 11), 하나님의 안식에 들어가기를 힘쓰라고 권면하는 것이다(히 4:11).

영원한 안식(히 3~4장)
* 시편 95[LXX 94]:7~11 인용(히 3:8~11)
  1. '오늘' 해석(히 3:12~14)
    * 시편 95:7~8 암시(히 3:13)
  2. '격노' 해석(히 3:15~17)
    * 시편 95:7~8 인용(히 3:15)
  3. '안식에 들어가다' 해석(히 3:18~4:11)
    * 시편 95:11 암시와 인용(히 3:18; 4:3)

3. 히브리서 5 ~ 7장: 시편 110:4(히 5:6) 해설(영원한 대제사장)

더 나아가서 히브리서는 예수님께서 대제사장이라는 사실을 증거하기 위하여 시편 110:4(히 5:6)를 인용한다. 사실 대제사장 기독론은 히브리서가 제시하는 신학의 백미라고 말해도 지나친 말이 아니다. 대제사장 기독론은 히브리서 2:17("그러므로 그가 범사에 형제들과 같이 되심이 마땅하도다 이는 하나님의 일에 자비하고 신실한 대제사장이 되어 백성의 죄를 속량하려 하심이라")에서부터 시작하여 줄곧 히브리서를 이끌어 가는 중요한 주제이기 때문이다. 히브리서 2:17에 의하면 예수 그리스도는 대제사장으로서 자비함과 신실함이라는 두 가지 큰 특성을 가지고 있다. 그렇기 때문에 대제사장이신 예수님께서는 우리의 연약함을 체휼하시는 분이시다(히 4:14~15).

1) 대제사장 예수 그리스도의 유래(히 5:1~10)

그런데 히브리서가 대제사장 기독론을 제시하면서 가장 먼저 관심을 보이는 것은 그 기원에 관한 것이다. 히브리서는 이 단락의 첫 부분에서 대제사장 예수 그리스도의 유래를 밝히는 데 많은 힘을 쏟는다(히 5:1~10). 예수님께서 대제사장이 되신 것은 하나님에게 기원을 두고 있다. 하나님은 아론을 대제사장으로 세우신 것처럼(히 5:4) 예수 그리스도를 대제사장으로 세우셨다(히 5:5 "또한 이와 같이 그리스도께서 대제사장 되심도 스스로 영광을 취하심이 아니요 오직 말씀하신 이가 [하신 것이다]").

예수 그리스도는 오직 하나님에 의하여 대제사장이 되셨다(히 5:10, "하나님께[ὑπὸ τοῦ θεοῦ] 멜기세덱의 반차를 따르는 대제사장이라 칭하심을 받았느니라"). 마치 예수님께서 하나님에 의하여 하나님의 아들이 되신 것처럼(히 5:5; 1:5 참조; 시 2:7 인용), 하나님에 의하여 대제사장이 되셨다(히 5:6). 바로 이 사실을 입증하기 위하여 히브리서는 시편 구절을 인용한다: "네가 영원히 멜기세덱의 반차를 따르는 제사장이라"(시 110:4; 히 5:6). 히브리서는 예수님께서 멜기세덱의 반차를 따르는 대제사장이심을 보이기 설명하기 위해서 앞 단락에서와 마찬가지로 미드라쉬(Midrash) 방식을 사용하여 이 시편구절을 해석한다(히 7:1-25).

2) 수신자들의 미성숙(히 5:11~6:12)

그러나 이에 앞서 히브리서는 수신자들의 미성숙 때문에 멜기세덱에 대하여 설명하는 데 무척 큰 어려움을 느낀다고 말한다(히 5:11~6:12). 히브리서의 수신자들은 멜기세덱에 대한 교훈을 받아들이기에 너무나 둔하고 젖이나 먹어야 할 정도로 어리다. 그들이 이런 미성숙을 벗어나지 못하는 것은 은혜에 참여한 후에 타락하였기 때문이다. 그러나 감사하게도 하나님께서는 그들을 완전히 잊어버리지 아니하셨다(히 6:10). 그러므로 그들에게도 약속들을 상속받을 가능성이 있다.

3) 맹세의 의미(히 6:13~20)

이제 히브리서는 예수님께서 멜기세덱의 반차를 따르는 대제사장이심을 해설하기 직전에 먼저 히브리서 5:6을 도입하는 말인 "또한 이와 같이 다른 데서 말씀하시되"에서 '말씀하시다'($\lambda\acute{\epsilon}\gamma\omega$)의 의미가 무엇인지를 밝힌다(히 6:13~20). 그것은 맹세($\acute{o}\rho\kappa\omega\mu o\sigma\acute{\iota}\alpha$ / $\acute{\omega}\mu o\sigma\epsilon\nu$)를 의미한다 (히 7:21, "오직 예수는 자기에게 말씀하신 이로 말미암아 맹세로 되신 것이라").

사실상 히브리서는 본문에서 "네가 영원히 멜기세덱의 반차를 따르는 제사장이라"만을 인용하고 있지만, 시편 110(LXX 109):4은 그 앞에 "주께서 맹세하시고 뉘우치지 아니하시리니"를 가지고 있다. 그래서 히브리서는 나중에 이 도입어까지 인용한다(히 7:21 참조)그러므로 히브리서가 '말씀하다'($\lambda\acute{\epsilon}\gamma\omega$)로 '맹세하다'를 염두에 두고 있었다는 것은 의심할 바가 없다. 히브리서는 예수님께서 멜기세덱의 반차를 따르는 대제사장이심을 해설하면서 하나님의 맹세가 얼마나 절대적인지 밝히고 있는 것이다. 맹세는 최종 확정이다(히 6:16).

4) "멜기세덱의 반차를 따르는 영원한 제사장"(히 7:1~25)

드디어 히브리서는 히브리서 5:6에 인용한 시편 110:4의 내용을 하나씩 분석하면서 본격적으로 예수님께서 멜기세덱의 반차를 따르는 대제사장이심을 설명한다(히 7:1~25). 히브리서는 시편 110:4("네가 영원히 멜기세덱의 반차를 따르는 제사장이라")에서 세 가지 내용에 주목한다: '멜기세덱', '멜기세덱의 반차를 따라', '영원한 제사장'.

첫째로, 히브리서는 시편 110:4에서 '멜기세덱'의 의미를 분석한다(히 7:1~10). 히브리서는 멜기세덱이 어떤 인물인지 설명하기 위하여 이름의 뜻을 풀이하고, 아브라함 시대에 갑자기 나타나 갑자기 사라진 의미를 밝히며, 복 빎과 십일조 드림에서 보이는 아브라함과의 관계를 진술한다. 여기에서 중요한 것은 멜기세덱이 아브라함의 자손인 레위보다도 훨씬 먼저 제사장으로 묘사되고 있다는 사실이다. 이것은 레위 자손이 아니더라도 제사장이 될 수 있는 가능성을 열어주는 것이다.

둘째로, 히브리서는 그런 이유로 이 가능성을 집요하게 설명한다. 대제사장 신학에서 히브리서는 '멜기세덱의 반차를 따라'에 지대한 관심을 기울인다(히 7:11~16). 유다 지파에 속한 예수님께서 레위의 자손인 아론의 반차를 따르지 않았는데 어떻게 제사장이 될 수 있느냐 하는 것이다. 한 마디로 말해서 예수 그리스도는 멜기세덱의 반차를 따르는 '별다른 제사장'(ἱερεὺς ἕτερος)이시다(히 7:11, 15). 멜기세덱의 반차

를 따르는 대제사장 예수 그리스도로 말미암아 드디어 율법은 종국
에 도달하게 되었다.

셋째로, 히브리서는 멜기세덱의 반차를 따르는 대제사장 예수 그리
스도께서 율법을 종국에 도달하게 할 수 있는 까닭이 '영원한 제사장'
이시기 때문임을 밝힌다(히 7:17~25). 영원한 제사장이신 예수 그리스
도께서는 우리를 하나님께 가까이 나아가게 만드신다. 그분은 맹세
로 말씀하신 하나님을 위한 보증이시다. 영원한 제사장 예수 그리스
도는 항상 살아서 우리를 위하여 간구하신다. 예수님께서는 영원한
제사장임에도 불구하고 우리의 죄를 대속하기 위하여 단번에 자기를
드리셨다.

영원한 대제사장(히 5~7장)

   1. 대제사장 예수 그리스도의 유래(히 5:1~10)

      * 시편 110:4 인용(히 5:6)

   2. 수신자들의 미성숙(히 5:11~6:12)

   3. 맹세의 의미(히 6:13~20)

   4. '멜기세덱의 반차를 따르는 영원히 제사장'(히 7:1~25)

      * 시편 110:4 암시(히 6:20)

      1) '멜기세덱' 해석(히 7:1~10)

      * 시편 110:4 암시(히 7:11)

      2) '멜기세덱의 반차' 해석(히 7:11~16)

      * 시편 110:4 인용(히 7:17, 21)

      3) '영원한 제사장' 해석(히 7:17~25)

4. 히브리서 8~10(:18)장: 예레미야 31:31~34(히 8:8~12) 해설(새 언약)

이제 히브리서는 새 언약을 설명하기 위하여 예레미야 31:31~34(히 8:8~12)을 인용한다.

1) 도입(히 8:1~5)

먼저 히브리서는 앞 단락에서 영원한 대제사장에 대하여 말했던 내용을 요약한다. "말하고 있는 것들에 대한 요점(κεφάλαιον)은 이러한 대제사장이 우리에게 있다는 것이라"(히 8:1). 히브리서는 땅에 대제사장이 있듯이, 하늘에도 대제사장이 있다는 상응성을 제시한다. 이 상응성은 땅의 대제사장도 하늘의 대제사장도 필연적으로(ἀναγκαῖον) 예물과 제물을 드려야 한다는 사실로 발전한다(히 8:3~4). 결국 히브리서는 이 상응성이 필연적으로 발생해야 할 이유를 땅의 성소와 하늘의 성소 사이의 상응성에 기인시킨다(히 8:5).

2) 새 언약에 대한 약속(히 8:6~13)

그런데 히브리서는 갑자기 선회하여 땅의 대제사장과 하늘의 대제사장 사이에 나타나는 이런 상응성과 함께 차이성이 있다는 것을 언급한다. "그러나 이제 그는 더 아름다운 직분을 얻으셨으니 그는 더 좋은 약속으로 세우신 더 좋은 언약의 중보자시라"(히 8:6). 예수님 대제사장은 '더 아름다운 직분'(διαφορωτέρας λειτουργίας)을 얻으셨고, '더 좋은 약속들'(κρείττονες ἐπαγγελίαι)로 세우신 '더 좋은 언약'(κρείττων διαθήκη)의 중보자라는 것이다. 바로 여기에서 히브리서는 더 좋은 언약이 무엇인지를 설명해야 했다. 더 좋은 언약은 예레미야 선지자가 예언했던 새 언약(διαθήκη καινή)이다(렘 31:31/히 8:8). 그래서 히브리서는 예레미야 선지자의 예언을 인용한다(렘 31:31~34/히 8:8~12).

그런데 히브리서는 예레미야서를 인용하기에 앞서 하나님께서 새 언약을 주신 동기가 무엇인지를 밝힌다. 새 언약의 동기는 첫 언약에 문제가 생겼기 때문이다. "저 첫 언약이 무흠하였더라면(ἄμεμπτος)"(히 8:7). 첫 언약의 문제는 무엇인가? 그것은 언약의 내용에 문제가 있었다는 말이 아니다. 문제는 언약의 내용에 발생한 것이 아니라 언약의 당사자인 이스라엘 백성에게 발생하였다(참조. 겔 16:59). 따라서 하나님께서 새 언약을 주신 동기는 언약의 당사자인 이스라엘 백성의 허물 때문이다. 그래서 히브리서는 새 언약에 대한 예레미야서를 인용하면서 "그들의 잘못을 지적하여(μεμφόμενος) 말씀하시되"(히 8:8)라는 도입문을 정확하게 제시하였던 것이다.

새 언약에 대한 예레미야 선지자의 예언은 세 번 반복되는 "주께서 이르시되"(λέγει κύριος)라는 말로 세 부분으로 나누어질 수 있다(히 8:8, 9, 10~12). 그런데 각 부분에서 강조되는 것은 새 언약의 내용이 아니라 새 언약의 당사자이다.

첫째 부분에서 언약의 당사자는 '이스라엘 집과 유다 집'(히 8:8)이라고 언급된다. 둘째 부분은 이들의 문제점을 신랄하게 지적한다. "그들은 내 언약 안에 머물러 있지 아니하므로 내가 그들을 돌보지 아니하였노라"(히 8:9). 이것은 언약의 당사자인 백성의 불의/죄(히 8:12)에 의해서 언약이 파기되었다는 것을 의미한다. 문제는 언약의 내용에

있는 것이 아니라 언약의 당사자인 백성에게 있다. 그래서 셋째 부분
은 하나님께서 고치는 것이 언약의 내용이 아니라 언약의 당사자인
백성이라는 사실을 분명하게 제시한다. "그 날 후에 내가 이스라엘
집과 맺을 언약은 이것이다"(히 8:10a).

새 언약은 언약의 내용에 변화가 있기 때문이 아니라 언약의 당사자
에게 변화가 있기 때문에 새 언약이다. 사실상 언약의 내용은 예나
지금이나 변함이 없다(출 6:7). "나는 그들에게 하나님이 되고 그들은
내게 백성이 되리라"(히 8:10c). 문제는 언약의 당사자인 백성에게 있
으므로, 하나님께서는 언약의 내용을 고치는 것이 아니라 언약의 당
사자인 백성을 고친다. "내 법을 그들의 **생각**에 두고 그들의 **마음**에
이것을 기록하리라"(히 8:10b).

다시 말하자면 새 언약이란 내용에 변화가 있기 때문이 아니라 당사
자에게 변화가 있기 때문이다. 언약의 당사자인 백성의 변화는 하나
님의 용서로부터 시작되었다. "내가 그들의 불의를 긍휼히 여기고 그
들의 죄를 다시 기억하지 아니하리라"(히 8:12). 하나님께서 언약의 당
사자인 백성을 용서하신 것이 새 언약이다.

따라서 첫 언약과 새 언약의 차이란 단지 시간성에 있을 뿐이다(히
8:13). 단지 시간적으로 볼 때, 첫째 언약은 옛 언약이고, 둘째 언약은
새 언약이다. 첫 언약은 시간적인 의미에서 옛 것이고(παλαιοῦν), 오래
된 것이며(γηράσκειν), 그래서 첫 언약은 시간적으로 더 이상 전면에
나타나지 않는다(ἀφανισμός). 그러므로 이것을 첫 언약이 가치가 없다
는 의미로 이해해서는 안 된다. 첫 언약은 여전히 배후에 숨어있다.

3) 첫 언약의 제도와 새 언약의 제도(히 9:1~10:18)

이제 히브리서는 첫 언약의 제도와 새 언약의 제도를 비교적으로 설명한다.

(1) 첫 언약의 제도(히 9:1~10)

먼저 히브리서는 첫 언약의 제도에 관해서 말한다(히 9:1~10). 그것은 예배의 법도와 성소의 구조이다. "첫(언약)에도 섬기는 예법과 세상에 속한 성소가 있더라"(히 9:1). 히브리서는 이 두 가지를 역순으로 설명한다.

첫째로, 히브리서는 성소의 구조에 관해서 진술한다(히 9:1~5). 성소(τὸ ἅγιον, 히 9:1)에는 두 개의 장막이 있다(히 9:2, 3). 첫째 장막(ἡ πρώτη σκηνή)은 성소(Ἅγια)라고 불리고(히 9:2, 6, 8), 둘째 휘장 뒤에 있는 둘째 장막(ἡ δεύτερα σκηνή)은 지성소(Ἅγια Ἁγίων)라고 불린다(히 9:3, 7). 히브리서는 성소의 구성에 관해서도(히 9:2), 지성소의 구성에 관해서도(히 9:3~5a) 간단히 말할 뿐 더 이상 자세하게 설명하지 않는다(히 9:5b). 왜냐하면 히브리서의 관심은 성소의 구조보다 예배의 법도를 설명하는 데 있기 때문이다. 그래서 히브리서는 성소의 구조에 관한 설명에서 곧바로 예배의 법도에 관한 설명으로 넘어간다.

둘째로, 히브리서는 예배의 법도(δικαιώματα λατρείας)에 관해서 진술한다(히 9:6~10). 성소(첫째 장막)에는 제사장이 항상 들어가지만(히 9:6), 지성소(둘째 장막)에는 대제사장이 혼자서 자기와 백성의 허물을 위하

여 피를 가지고 일 년에 한번 들어간다(히 9:7). 이것은 성소의 길이
닫혀 있었다는 것을 의미한다(히 9:8). 왜냐하면 제사장도 백성도 반복
해서 죄를 짓기 때문이다.

이렇게 볼 때 문제는 예배의 법도에 있는 것이 아니라 죄짓는 사람에
게 있는 것이다. 그러므로 범죄의 인간은 예배의 법도를 가지고 있어
도 근본적으로 하나님께 나아가지 못한다. "이에 따라 드리는 예물과
제사는 섬기는 자를 그 양심상 온전하게 할 수 없나니"(히 9:9). 사람
은 이 예배의 법도로 육체를 깨끗하게 할 수는 있어도 양심을 깨끗하
게 할 수는 없다(히 9:10). 이 때문에 반복적으로 범죄하는 인간에게
이 예배의 법도는 육체의 법도(δικαιώματα σαρκός)라고 불릴 수밖에
없는 것이다(히 9:10). 그러므로 범죄의 사람을 교정(개혁 διόρθωσις)하
는 것이 절대적으로 필요하다. 이 교정(개혁)의 시간이 오기까지 이
예배의 법도는 그대로 존속한다(히 9:10).

(2) 새 언약의 제도(히 9:11~10:18)

그래서 히브리서는 반복적으로 범죄하는 사람을 어떻게 근본적으로
깨끗하게 할 수 있는가에 관심을 가진다. 범죄하는 인간의 근본적인
성결은 새 언약의 제도에서 가능하다. 이 때문에 히브리서는 새 언약
의 제도에 관해서 말한다. 앞에서 히브리서는 첫 언약에 있던 성소에
관해서 설명하던 중에 첫 장막이 '현재까지의 비유'(παραβολή, 히 9:9)
라고 지나가는 듯이 말하였다. 이것은 지나가는 듯한 표현이었지만
사실은 매우 중요한 말이다. 왜냐하면 이 표현은 첫 언약의 예배제도
와 새 언약의 예배제도 사이에 성립되는 병행점을 지시하기 위한 도

입어이기 때문이다. 이 두 예배제도 사이에는 대제사장, 성소, 그리고 피(제물/예물)라는 세 가지 일치점이 있다. 이것들은 두 예배제도에 다 같이 필요한 요소들이다(히 8:1~5).

히브리서는 사람의 범죄에 대한 근본적인 해결은 오직 예수 그리스도에 의한 예배의 법도로만 가능하다는 것을 알려준다(히 9:11~17). 예수 그리스도는 좋은 일의 대제사장으로서(히 9:11a), 손으로 만들지 않고 창조에 속하지 않는 더 크고 온전한 장막에서(히 9:11b), 자신의 피를 드렸다(히 9:12, 14). 그 결과 예수 그리스도의 예배법도는 영원한 속죄를 이루었다(히 9:12). 영원한 속죄란 다시 말하자면 육체를 정결하게 하는 것이 아니라(히 9:13) 양심을 깨끗하게 만드는 것이다(히 9:14). 예수 그리스도의 피는 첫째 언약에서 반복되던 범죄를 속한다(히 9:15). 이로써 범죄를 반복하던 사람이 교정(개혁)된다. 그는 예수 그리스도의 죽음의 피로 말미암아 교정(개혁)되어 영원한 기업의 약속을 얻는다(히 9:15).

여기에서 히브리서는 예수 그리스도의 피에 관해서 더 자세하게 설명한다(히 9:18~28). 앞에서도 말한 바와 같이 첫 언약의 예배법도는 새 언약의 예배법도와 세 가지 점에서 병행(비유)을 이룬다. 히브리서는 그 가운데 특히 피와 관련된 병행을 자세하게 진술한다. 첫 언약의 예배법도에서도 피가 필수적이다(히 9:18). 율법은 짐승의 피를 백성과 그릇에 뿌릴 것을 말한다(히 9:19, 21~22a). 왜냐하면 피는 언약의 피로서(히 9:20) 피 흘림이 없으면 사함도 없기 때문이다(히 9:22b). 마찬가지로 새 언약의 예배법도에서도 피가 필수적이다. 그것은 예수 그리스도의 피이다. 히브리서는 그것을 더 좋은 제물이라고 부른다

(히 9:23). 그것은 예수 그리스도께서 '자기를'(ἑαυτόν) 드린 것이다(히 9:25). 예수 그리스도의 피 흘림은 자주 반복될 필요가 없는 단회적인 사건이다(히 9:25, 26, 28). 예수 그리스도의 피는 사람의 죄를 근본적으로 교정하셨다(히 9:26, 28).

마지막으로, 히브리서는 다시 한 번 예수 그리스도의 피가 인간의 범죄에 대한 근본적인 속죄가 된다는 것을 자세히 설명한다(히 10:1~18).

먼저 히브리서는 영원한 속죄가 옛 언약의 피로 말미암아 되지 않는다고 말한다(히 10:1~4). 옛 언약의 피는 완전한 속죄를 가져다주지 못한다(히 10:1). 왜냐하면 사람들은 양심과 기억을 속일 수 없이 다시 죄를 반복하기 때문이다(히 10:2~3). 그러므로 짐승의 피로 드리는 옛 언약의 제사는 일시적으로 죄를 해결해 주기는 하지만 '영원히'(εἰς τὸ διηνεκές, 히 10:1) 속죄하지는 못한다(히 10:4, 11).

히브리서는 영원한 속죄가 오직 새 언약의 중보자이신 예수 그리스도의 피로 말미암아 가능하다고 알려준다(히 10:5~18). 시편 40:6~8이 예언한 것처럼(히 10:5~7), 그리스도의 제사는 짐승을 드리는 것이 아니라(히 10:18) 자신의 몸을 드리는 것이며(히 10:9), 하나님의 뜻을 이루는 것이다(히 10:9). 그리스도의 제사는 우리에게 거룩함을 가져다주었다(히 10:10). 그리스도의 제사는 '영원한'(εἰς τὸ διηνεκές) 제사로서(히 10:12) '영원한'(εἰς τὸ διηνεκές) 속죄를 이루셨다(히 10:14). 이것은 다시 예레미야 선지자의 예언의 표현을 빌리자면 하나님께서 사람들의 마음과 생각을 변화시킨 것이며(히 10:15~16) 사람들의 죄와 불법을 기억하지 않는 것이다(히 10:17). 그러므로 일시적으로 죄를 해결해주는 옛 언약의 제사와 달리(히 10:11), 그리스도의 피로 드리는 새 언약의 제사는 다시 반복할 필요가 없이 영원한 속죄를 이룬다(히 10:18).

새 언약(히 8~10장)

  1. 도입(히 8:1~5)

  2. 새 언약에 대한 약속(히 8:6~13)

    1) 새 언약을 주신 동기(히 8:7)

    2) 새 언약에 대한 인용(히 8:8~12)

      * 예레미야 31:31~34 인용(히 8:8~12)

      '주께서 가라사대'(8, 9, 10~12)

    3) 결론(히 8:13)

  3. 첫 언약의 제도와 새 언약의 제도(히 9:1~10:18)

    1) 첫 언약의 제도(히 9:1~10)

      (1) 성소의 구조(히 9:1~5)

      (2) 예배의 법도(히 9:6~10)

    2) 새 언약의 제도(히 9:11~10:18)

      (1) 예배의 법도(히 9:11~17)

        ① 옛 언약의 피(히 9:13)

        ② 새 언약의 피(히 9:11~12, 14~17)

      (2) 그리스도의 피(히 9:18~28)

        ① 옛 언약의 피(히 9:18~22) : 반복 제사

        ② 새 언약의 피(히 9:23~28) : 단번 제사

      (3) 피의 속죄(히 10:1~18)

        ① 옛 언약의 속죄(히 10:1~4) : 반복 속죄

        ② 새 언약의 속죄(히 10:5~18)(시 40:6~8) : 영원 속죄

5. 히브리서 10(:19)~13장: 하박국 2:3~4(히 10:37~38) 해설(믿음)

히브리서는 예수 그리스도의 피에 의하여 영원한 속죄를 얻은 신자들에게 권면을 한다(히 10:19~13:25).

1) 실천을 위한 권면(히 10:19~25)

첫째로, 히브리서가 주는 권면은 실천을 위한 것이다(히 10:19~25). 히브리서는 "우리가 예수의 피를 힘입어 성소에 들어갈 담력을 얻었다"(히 10:19)고 말한다. 새롭고 살아있는 길이 열린 것이다(히 10:20). 이것은 옛 언약에서는 성소에 들어가는 길이 열리지 않았던 것과 정반대가 된다(히 9:8). 따라서 히브리서는 신자들에게 믿음으로 하나님께 나아갈 것과 소망을 굳게 잡을 것과 사랑으로 서로 돌볼 것을 요구한다(히 10:21~25).

2) 범죄방지를 위한 권면(히 10:26~31)

둘째로, 히브리서는 범죄방지를 위한 권면을 준다(히 10:26~31). 히브리서는 신자들에게 의도적인 범죄를 피할 것을 권면한다(히 10:26a). 왜냐하면 죄를 위한 제사가 더 이상 없기 때문이며(히 10:26b), 하나님의 무서운 심판이 있기 때문이다(히 10:27~31).

3) 믿음에 대한 권면(히 10:32~12:13)

셋째로, 히브리서는 믿음에 대한 권면을 준다(히 10:32~12:13). 믿음을 권면하는 이유는 신자들이 고난의 큰 싸움가운데서도 더 나은 영구한 산업을 바라보도록 하기 위함이다(히 10:32~34). 히브리서는 신자들에게 담대함과 인내가 필요하다고 말한다(히 10:35~36). 하박국 선지자가 "나의 의인은 믿음으로 말미암아 살리라"(합 2:4)고 말했던 것처럼, 신자들은 구원에 이르는 믿음을 가진 자인 것을 확신해야 한다(히 10:37~39). 먼저 히브리서는 믿음에 관해 간단한 정의를 내린다(히 11:1~3). 그후 히브리서는 믿음으로 살았던 의인들을 소개한다(히 11:4~40). 히브리서는 믿음의 의인들을 소개하면서 몇 가지 원칙을 제시한다.

(1) 신앙의 연속

첫째로, 신앙에는 연속성이 있다는 것이다. 신앙적 연속성은 아벨(히 11:4), 에녹(히 11:5), 노아(히 11:7), 아브라함(히 11:8)/ 사라(히 11:11), 이삭(히 11:20), 야곱(히 11:21), 요셉(히 11:22), 모세(히 11:23), 이스라엘인들(히 11:29), 라합(히 11:31), 기드온/바락/삼손/입다/다윗/사무엘/선지자들(히 11:32~34), 무명의 신자들(히 11:35~40)로 이루어진다.

(2) 신앙의 계보

둘째로, 히브리서는 신앙의 연속성이 족장들의 경우를 제외하고는 (아브라함 - 이삭 - 야곱 - 요셉) 출생 계보가 아니라 대체적으로 신앙 계보를 따른다고 말한다(아벨 - 에녹 - 노아 - 아브라함; 요셉 - 모세 - 라합 - 기드온/바락/삼손/입다/다윗/사무엘/선지자들 - 무명의 신자들). 믿음의 시각으로 보면 인류의 역사는 그리 긴 것이 아니다.

(3) 신앙의 발전

셋째로, 히브리서는 신앙의 연속성에 발전하는 성격이 있다는 것을 증거한다. 신앙의 발전은 특히 족장들에게서 발견된다(아브라함- 이삭 - 야곱 - 요셉). 신앙이 아버지에게서 아들에게로 계승되면서 후자가 전자의 신앙을 단순히 답습하는 것이 아니라 발전시킨다. 아브라함은 죽었지만(11:13), 이삭은 축복하였고(11:20), 야곱은 죽으면서 축복하고 경배하였고(11:21), 요셉은 죽으면서 권면/명령하였다(11:22).

아브라함	죽음			
이삭		축복		
야곱	죽음	축복	경배	
요셉	죽음			권면/명령

(4) 구약과 신약의 연속성

넷째로, 히브리서는 구약시대의 신앙 인물들(οὗτοι)이 신약시대의 신앙 인물들(ἡμῶν)과 연속선상에 있다고 말한다(히 11:39f.). 후자는 전자를 위한 완성이 되고(히 11:40), 전자는 후자를 위한 증인이 된다(히 12:1). 구약시대의 신앙인들은 신약시대의 신앙인들 없이는 종국에 도달하지 않는다. 그들은 그 자체로 종국에 도달하지 않고 신약시대의 신앙인들과 함께 종국에 도달한다. 그러나 이것은 신약의 신자들이 그 자체로 종국이 된다는 것을 의미하지는 않는다. 그들도 스스로는 종국이 되지 못한다. 신약시대의 신앙 인물들은 오직 예수님에 의해서만 종국에 도달한다. 왜냐하면 예수 그리스도만이 믿음의 시작자($\dot{\alpha}\rho\chi\eta\gamma\acute{o}\varsigma$)이며 종결자($\tau\epsilon\lambda\epsilon\iota\omega\tau\acute{\eta}\varsigma$)이시기 때문이다(히 12:2).

구약 성도 ⇨	신약 성도 ⇨	예수 그리스도
(증거)	(완성)	

(5) 믿음의 시작자와 종결자이신 예수님

다섯째로, 히브리서는 구약 인물들의 정점을 예수 그리스도에게 둔다. 예수 그리스도는 믿음의 시작자($\dot{\alpha}\rho\chi\eta\gamma\acute{o}\varsigma$)이며 종결자($\tau\epsilon\lambda\epsilon\iota\omega\tau\acute{\eta}\varsigma$)이시다(히 12:2). 아벨이 믿음의 시작자가 아니며, 무명의 신자들이 믿음의 종결자가 아니다. 아벨 이전에 예수 그리스도가 계시며, 무명의 신자들 이후에 예수 그리스도가 계시기 때문이다. 예수 그리스도는 믿음의 역사를 아우르는 분이시다. 그러므로 신자들은 구약시대의 신앙 인물들 뿐 아니라 예수 그리스도를 바라볼 때 인내를 가지고 낙심하지 않고 경주할 수 있다(히 12:1~3). 특히 신자들은 하나님 아버지의 훈계를 받을 때 인내를 가지고 낙심하지 말아야 한다(히 12:4~13).

4) 그 외의 권면(히 12:14~13:19)

넷째로, 히브리서는 그 외에 여러 가지 권면을 한다(히 12:14~13:19). 먼저 신자들은 모든 사람에 대하여 화평함과 거룩함을 가져야 한다(히 12:14~17). 또한 신자들은 진동하지 않을 나라를 받았으므로 하나님을 기쁘게 섬겨야 한다(히 12:18~29). 더 나아가서 히브리서는 형제 사랑, 혼인, 돈, 음식 등에 관한 생활의 권면을 준다(히 13:1~9). 히브리서는 신자들이 예수 그리스도를 향해서 나아가야 할 것을 말하면서 진정한 제사는 찬미와 선행인 것을 알려주고 인도자에게 순종할 것을 권면한다(히 13:10~17). 마지막으로, 히브리서는 발신자를 위한 기도를 권면한다(히 13:18~19).

5) **기원과 인사**(히 13:20~25): 히브리서는 기원과 인사로 대단원의 막을 내린다.

믿음(히 10~13장)

1. 실천을 위한 권면(히 10:19~25)
2. 범죄방지를 위한 권면(히 10:26~31)
3. 믿음에 대한 권면(히 10:32~12:13)
   1) 믿음을 권면하는 이유(히 10:32~34)
   2) 믿음에 대한 확신(히 10:35~39)
   * 하박국 2:3~4 인용(히 10:37~38)
   3) 믿음에 대한 정의(히 11:1~2)
   4) 믿음의 사람들(히 11:3~40)
   5) 믿음의 시작자/종결자 예수님(히 12:1~13)
4. 그 외의 권면(히 12:14~13:19)
   1) 화평함과 거룩함(히 12:14~17)
   2) 하나님을 섬길 것(히 12:18~29)
   3) 생활권면(히 13:1~9)
   4) 예배권면(히 13:10~17)
   5) 기도권면(히 13:18~19)
5. 기원과 인사(히 13:20~25)

IV. 결론

지금까지 히브리서의 구조를 파악하기 위해서 히브리서에 들어있는 문단 분리어들을 고찰하였고, 히브리서 4:14~16의 의미를 살펴보았으며, 히브리서가 구약성경을 어떻게 해설하고 있는지 알아보았다. 이로부터 히브리서의 구조와 관련하여 몇 가지 결론을 내릴 수 있다.

첫째로, 히브리서는 아주 짜임새 있는 구조를 가지고 있다는 사실이다. 히브리서는 언뜻 보는 것과는 달리 자세히 들여다 볼 때 그 구조가 매우 예술적으로 되어있다는 것을 알 수 있다. 이것은 위에 언급한 세 가지 측면들 가운데 어떤 것에서 접근하든지 히브리서가 나름대로 견고한 구조 위에서 내용을 기술하려는 의도성을 가지고 있었다는 것을 보여준다.

둘째로, 히브리서의 구조가 의도적이라는 말은 구조설립에 신학이 들어있다는 것을 의미한다. 히브리서의 구조는 신학적 구조이다. 다르게 표현하자면 구조 그 자체가 신학이다. 히브리서의 구조는 아무런 의미도 없이 단순히 신학을 제시하기 위한 틀이 아니다. 그래서 히브리서의 구조를 신학에 무의미한 것으로 생각하는 것은 큰 오해이다. 오히려 그 반대로 히브리서는 구조가 바로 중대한 신학이라는 생각을 보여준다.

마지막으로, 흥미로운 사실은 위에서 언급한 세 가지 측면들이 결국 거의 동일한 구조를 보여주고 있다는 것이다. 물론 사소한 차이가 전

혀 없는 것은 아니지만, 어떤 방식으로 히브리서를 고찰하든지 크게
다를 바 없이 같은 구조를 발견하게 된다. 한 마디로 말해서 히브리
서는 어떻게 보아도 히브리서일 뿐이다.

제2장

히브리서의 구속사

제2장
히브리서의
구속사

히 브리서는 글을 마치면서 자신을 '권면의 말'($\acute{o}$ $\lambda\acute{o}\gamma o\varsigma$ $\tau\tilde{\eta}\varsigma$ $\pi\alpha\rho\alpha\kappa\lambda\acute{\eta}\sigma\epsilon\omega\varsigma$, 히 13:22)이라고 규정한다. 이것은 히브리서가 권면 또는 설교라는 형식을 가지고 있다는 것을 보여준다. 이 때문에 히브리서를 연구하는 학자들은 이미 오래 전부터 히브리서가 초대교회의 전형적인 설교라고 주장을 해 왔던 것이다.

히브리서는 초대교회의 전형적인 설교로서 여러 가지 주제를 담고 있으나 그 중에서도 무엇보다도 예수 그리스도가 누구인가를 밝히는 데 온 힘을 기울인다. 한 마디로 말해서 기독론이 히브리서의 흐름을 이끌어가고 있다. 히브리서는 예수 그리스도를 이해시키기 위하여 특히 구약성경을 집요하게 제시하며 해설한다. 권면 또는 설교라는 형식을 가지고 기독론을 전개하는 히브리서의 요점을 가장 간명하게 보여주는 구절은 이것이다.

"우리가 시작할 때에 확신한 것($\acute{v}\pi\acute{o}\sigma\tau\alpha\sigma\iota\varsigma$)을 끝까지 견고히 잡고 있으면 그리스도와 함께 참여한 자가 되리라"(히 3:14)

이 구절에 들어있는 '처음'($\acute{\alpha}\rho\chi\acute{\eta}$)이라는 단어와 '끝'($\tau\acute{\epsilon}\lambda o\varsigma$)이라는 단어

는 히브리서에서 매우 중요한 역할을 한다. 왜냐하면 '처음부터 끝까지'라는 표현은 히브리서에 나타나는 모든 주제를 아우르는 것이기 때문이다.

위에서 말한 것과 같이 히브리서는 구약성경을 사용하여 예수 그리스도를 설명한다. 그런데 히브리서가 구약성경을 사용한 것과 관련하여 히브리서를 이해하는 데 오랫동안 최악의 혼돈이 발생하였다. 히브리서에서 가장 큰 난점은 구속사의 연속성과 불연속성에 관한 것으로서 구약성경에 대한 히브리서의 견해와 맞물려 있다. '처음부터 끝까지'라는 표현은 히브리서의 제일 어려운 관문을 열어줄 수 있는 열쇠가 된다.

이 문제는 히브리서를 연구하는 학자들을 계속적으로 수렁에 빠뜨리고 있다(예를 들어 Vos, *Teaching*, 55~87; Attridge, "The Uses of Antithesis in Hebrews 8~10", 1~9를 보라). 보통 히브리서는 구속사를 전개하면서 불연속적인 대조(antithesis)를 많이 사용하는 것으로 알려져 있다. 그 까닭은 여러 가지가 있겠지만 특히 히브리서에는 대조를 나타내기 위하여 다음과 같이 형용사의 비교급이 많이 사용되었기 때문이다. (이러한 형용사 비교급에 대한 정리는 Lehne, *The New Covenant*, 102를 보라).

더 아름다운 διαφορώτερος(히 1:4; 8:6)
더 좋은 κρείττων(히 1:4; 6:9; 7:7, 19, 22; 8:6bis; 9:23; 10:34; 11:16, 35, 40; 12:24)
더 큰 μείζων(히 9:11)
더 충분한 περισσότερος(히 6:17; 7:15)

더욱 περισσοτέρως(히 2:1; 13:19)

더 큰 πλείων(히 3:3bis; 11:4)

더 온전한 τελειότερος(히 9:11)

위의 단어들을 면밀히 살펴보면 '더 아름다운'(διαφορώτερος, 히 8:6 섬 김), '더 좋은'(κρείττων, 히 7:19 소망, 22 언약; 8:6a 언약, 6b 약속; 9:23 제물), '더 큰'(πλείων, 히 3:3a 모세), '더 큰'/'더 온전한'(μείζων/τελειότερος, 히 9:11 장막)이 구속사적인 의미에서 사용되었다는 것을 알 수 있다. 이 와 같은 형용사 비교급의 의미는 아래의 논의에서 자연히 밝혀질 것 이다.

실제로 히브리서에 구속사의 불연속성과 그로 말미암는 구속사적인 대조에 대한 내용이 없는 것은 아니다. 두 말할 것 없이 이것은 히 브리서에서 매우 중요한 부분을 차지한다. 그러나 여기에서 잊어서 는 안 될 것이 있다. 그것은 히브리서를 전체적으로 이끌어 가는 주 제는 구속사의 연속성이라는 사실이다. 히브리서에서 구속사의 연 속성은 옛 경륜과 새 경륜의 일치를 보장한다. 따라서 히브리서의 구속사와 관련하여 두 경륜 사이에 일치를 전제로 하여 대조가 설명 되어야 한다. 불행하게도 히브리서를 연구하는 학자들은 대부분이 이 점에서 심각한 혼동을 일으킨다. 이런 혼동을 반복하지 않기 위 하여 히브리서가 구속사의 연속성을 어떻게 진술하고 있는지 정확 하게 고찰해야 할 필요가 있다.

이 주제를 연구하기 위해서 무엇보다도 히브리서의 여러 가지 구속 사 개념들에 공통적으로 관련되는 어근 τελ-을 가지고 있는 단어들

의 의미를 정확하게 파악하는 것이 중요하다. 그 후에 히브리서의 구
속사적 연속성을 선명하게 보여주는 구약의 계시, 구약의 제도, 구약
의 인물을 차례대로 연구하는 것은 매우 유익하다.

I. 어근 τελ-을 가지고 있는 단어들의 의미

히브리서에는 어근 τελ-을 가지고 있는 단어들이 자주 등장한다. 이
것은 히브리서의 구속사와 관련된 모든 문제를 푸는 데 중요한 단서
를 제공한다. 히브리서에서 어근 τελ-을 가지고 있는 단어들은 다음
과 같다:

τέλος (히 3:14; 6:8, 11; 7:3)

τελειοῦν (히 2:10; 5:9; 7:19, 28; 9:9; 10:1, 14; 11:40; 12:23)

τέλειος (히 5:14; 9:11)

τελειότης (히 6:1)

τελειωτής (히 12:2)

τελείωσις (히 7:11)

ἐπιτελεῖν (히 8:5; 9:6)

παντελές (히 7:25)

συντελεῖν (히 8:8)

συντέλεια (히 9:26)

어떤 사본들은 히브리서 3:6에도 τέλος를 가지고 있는데, 학자들은
아마도 이것이 히브리서 3:14의 영향을 받았기 때문이라고 생각한다

(Lindars, *Hebrews*, 44, note 28). 히브리서가 어근 τελ−을 가지고 있는 단어들을 이처럼 자주 사용하는 데는 분명한 목적이 있을 것이다. 이에 대한 학자들의 논의에 관하여는 Peterson의 견해를 참조해 볼 만 하다(*Perfection*, 1-20).

1. "종국"으로서의 τέλος

Lindars는 히브리서에서 τέλος가 언제나 '끝'이라는 의미를 지닌다("always with the meaning 'end'")고 잘 지적하였다(Hebrews, 44). 그런데 위에 열거한 모든 단어들은 언어학적인 면에서 볼 때 모두 τέλος와 깊은 관계를 가지고 있다. Wikgren은 이 사실을 정확하게 설명한다:

"우리가 언급한 다양한 단어들은 언어학적으로 τέλος의 형태와 연관성을 가지며 그 단어의 '끝' 또는 '목표'라는 기본적인 의미로부터 발전한다"("Perfection", 160).

따라서 동사의 의미에서 볼 때 '종결하다'(terminate) 또는 '마치다'(finish)가 τελ−어군의 고유한 의미이다. Moule도 이에 대하여 적절한 도움을 준다("Fulfilment-Words", 314). 다시 말하자면 τελ−어군은 어떤 목표를 향하여 충실하게 접근하는 진행을 나타낼 때 사용된다. 예를 들면, 순례(pilgrimage/migration)와 같은 경우이다. 그래서 이 단어군의 의미가 προσέρχεσθαι와 유사한 것으로 생각하는 Lehne의 의견은 전적으로 맞는 것이다(*The New Covenant*, 109ff.; 특히 110을 참조하라). 이 단어군은 다음과 같이 사람에게 사용될 때든지 그리스도에게 사용될 때든지(Wikgren, "Perfection", 161ff.), 종국을 향한 진행을 의미한다.

첫째로 이 단어들이 사람에게 적용될 때는(3:14) 이상적인 목표의 끝을 내다보는 것을 의미한다(Wikgren, "Perfection", 161). 이상적인 목표의 끝이란 하나님과 나누는 영원한 안식이다(4:1, 9, 11). Wikgren은 이것을 다음과 같이 잘 설명하였다.

> "우리는 히브리서에서 이 궁극적인 목표가 하나님 백성의 순례과정에 비추어 볼 때 휴식(κατάπαυσις) 또는 안식(σαββατισμός)(3:11, 18; 4:1, 3, 5, 10f.), 즉 하나님과 완전한 교제를 나누는 미래의 상태를 형성하는 영원한 안식이라는 것을 보았다"("Perfection", 163).

그렇다면 이 단어군의 가리키는 것은 윤리적 발전의 의미보다는 구속의 진행적인 의미라고 생각하는 것이 옳다. 이때 윤리적인 성숙과 완전은 부산물적인 결과로 나타나는 것으로 생각할 수 있다.

둘째로, 이 단어들은 그리스도에게도 사용된다. 이 단어들이 윤리적 발전의 의미를 가질 수 없는 까닭은 기독론 때문에 더욱 분명해진다.

무엇보다도 히브리서는 그리스도가 본질적으로 완전한 분이라고 말한다. Käsemann이 잘 지적했듯이, 우리는 조금치도 예수 그리스도의 도덕적인 발전을 말할 수가 없다(People, 137, 139). 왜냐하면 히브리서는 처음부터 그리스도를 완전한 분으로 묘사하기 때문이다. 그리스도는 하나님의 영광의 광채(ἀπαύγασμα)이며 성품(χαρακτήρ)이다(히 1:3). 그리스도는 죄가 없으신 분이시며(χωρὶς ἁμαρτίας, 히 4:15), 죄인들로부터 떠난 분이시다(κεχωρισμένος ἀπὸ τῶν ἁμαρτωλῶν, 히 7:26).

이것은 그리스도께서 이 땅에서 육체를 가지고 있는 동안에도 해당된다. 역사적인 예수님은 순종을 통하여 온전함을 얻게(τελειοῦν) 되었다(히 5:8~9). 역사적 예수님께서 순종을 배웠다는 것은 그가 이전 에는 불순종하였다는 말이 아니라 순종을 더욱 충분하게 표현했다는 의미이다. 그래서 Wikgren은 그의 순종이 더욱 충분한 정도에 도달 한 것이라고 설명하였다("obedience reached a fuller measure"). Hughes는 이 단어(τελειοῦν)를 그리스도와 관련하여 해석하면서 칠십인역의 경 우를 따라서 하나님에 대하여 분열되지 않은 마음을 가리킨다고 생 각하였다(Hebrews, 33f.).

다시 말하자면 이 단어는 존재론 의미보다는 관계론 의미를 가진 다는 것이다. Hughes의 견해처럼 이 온전함을 칠십인역의 용례에 비 추어 하나님과의 온전한 관계를 나타내는 것으로 볼 수도 있겠으나, Käsemann이 말하는 것과 같이 하나님의 구속계획에 대한 온전한 인 식으로 이해하는 것이 더 옳을 것이다(People, 139).

예수 그리스도는 이스라엘을 향한 하나님의 계획과 언약의 목표 (goal)이며 수렴(convergence-point)이다(Moule, "Fulfilment-Words", 301). 이 런 의미에서 볼 때 τελειοῦν에는 "종결이란 말이 완성이라는 말보다 더 어울린다"고 말한 Moule의 주장은 설득력이 있다("Fulfilment-Words", 317). 이 단어군이 그리스도에게 해당될 때 의미하는 바는 그 리스도께서 구속사의 종국에 도달하셨다는 의미이다. 따라서 이 단 어군은 완성을 향한 발전(또는 진보)보다는 종국을 향한 진행(또는 행 진)을 의미한다.

더 나아가서 히브리서는 그리스도의 사역에서도 이 단어들이 윤리적 발전의 의미를 가질 수 없다는 것을 잘 보여준다. 히브리서에는 신자 의 거룩함을 나타내기 위하여 '거룩하게 하다'(ἁγιάζειν)와 '깨끗하게 하다'(καθαρίζειν)가 동의어로 사용된다(Käsemann, *People*, 142, Anm. 152). 그리스도는 거룩하게 하시는 분(ὁ ἁγιάζων)이며 신자들은 거룩하게 되는 자들(οἱ ἁγιαζόμενοι)이다(히 2:11). 그리스도께서는 거룩하게 된 신자들을 자기의 피로 단번에 드리는 제물로 말미암아 온전하게 하셨다.

> "그가 거룩하게 된 자들을 한 번의 제사로 영원히 온전하게 하셨느니라(τελειοῦν)"(히 10:14).

한 마디로 말해서 신자가 온전하게 된 것은 그리스도의 제의적인 사건에 근거를 두고 있다. 그런데 여기에서 주의해야 할 것이 있다. 어떤 경우에도 '온전하게 하다'(τελειοῦν)라는 단어에 윤리적인 의미를 부과해서는 안 된다는 것이다. 왜냐하면 이 단어는 인간의 도덕적인 태도를 묘사하는 것이 아니라 그리스도의 제의적인 사건의 결과를 묘사하는 것이기 때문이다(Käsemann, *People*, 142). 따라서 이 단어는 그리스도의 제의적인 행위에 관련될 뿐이지 사람의 도덕적인 완전과 절대로 상관이 없다(Käsemann, *People*, 143). 그리스도인들은 예수님의 제사적 희생으로 말미암아 '바로 여기에서'(nunc et hic) 온전함을 얻었다(τελειοῦν).

2. 처음과 끝

τελ- 단어군이 '끝' 개념을 가지고 있다는 사실을 밝히는 데 가장 중요한 것은 처음과 끝의 상관이다. 이것은 Weiß가 "우선적으로 ἀρχή와 τέλος는 상응한다(히 3:14; 7:3)"고 지적한 것과 같다("ἀρχή", 390). 히

브리서에는 이 단어군이 자주 처음이라는 개념의 단어와 함께 상관
적으로 사용된다(히 2:10; 3:14; 6:1; 7:3; 12:2). 물론 이 단어군이 다른 단
어들과 대조적으로 사용되지 않는 것은 아니다. 대표적인 예로 히브
리서 5:13과 히브리서 5:14를 비교할 때 τέλειος는 νήπιος와 대조되는
것이 분명하다.

Käsemann은 Michel이 τέλειος와 νήπιος를 교사와 학생의 대조로
이해하는 것에 반대한다(People, 135f.). 왜냐하면 이때 학생(μανθάνων)
이라는 개념 속에는 긍정적인 평가가 들어있는데 이것은 히브리서의
문맥에 맞지 않기 때문이다. Käsemann 자신은 이것을 천상적 형태
와 지상적 형태 사이의 형이상학적인 대조로 생각한다(People, 136). 그
가 이렇게 생각하는 것은 영지주의적 배경을 지나치게 고려하기 때
문이다(People, 137). 어쨌든 처음과 끝의 관계에서 ἀρχή는 θεμέλιος을
의미하고(히 6:1), τέλος는 ἔσχατος를 의미한다(히 1:2).

이에 더하여 συντέλεια(히 9:26) 같은 접두어 용례에서도 끝의 의미를
발견할 수 있다. 이 단어는 히브리어 קץ에 해당한다. 히브리서는 ἐπι
συντελείᾳ라는 용례를 ἐπ᾽ ἐσχάτου τῶν ἡμερῶν τούτων(히 1:2)의 유사한
용법으로 이해하는 것 같다(Grässer, Hebräer 2, 196). 이런 방식으로 히브
리서는 옛것과 새것이 상호연관 되는 일종의 역사철학을 제시한다
(Wikgren, "Perfection", 166). 처음과 끝은 분리적이 아니라 연결적이며,
논쟁적이 아니라 변증적이다.

히브리서에서 특히 중요한 것은 처음과 끝의 개념이 기독론에 적용
된다는 사실이다. 히브리서에 의하면 그리스도는 믿음의 시작자
(ἀρχηγός)이며 종결자(τελειωτής)이다(히 12:2). 믿음은 그리스도로부터

시작하여 그리스도로 마친다. 왜냐하면 하나님께 직접 나아가는 목
표가 예수님 안에서 그의 대속적인 죽음으로 완성되었기 때문이다
(Lindars, *Hebrews*, 47).

그리스도로 말미암아 믿음이 시작되고 종결된다는 것은 구약의 신자
들에게만 해당되는 것이 아니라 그리스도 이후의 모든 신자들에게도
해당되는 것이다. 마치 그리스도께서 구약신자들의 신앙과 관련하여
시작점과 종결점에 있듯이, 신약신자들의 성화와 관련할 때도 시작
점과 종결점에 있다. 모든 신자는 그리스도를 시작점으로 하여 거룩
함에 참여하고 그리스도를 종결점으로 하여 거룩함에 도달한다. 모
든 신자의 거룩함은 그리스도를 시작점과 종결점으로 삼는다.
Lindars는 이 사실을 다음과 같이 묘사한다:

> "예수님은 우리의 구속을 위한 '선구자'이시다. 왜냐하면 그는 그 과
> 정을 처음으로 성취하셨기 때문이다. 그는 또한 우리 신앙의 '완성
> 자'이시다(12:2). 왜냐하면 그는 기독교의 신앙고백을 굳게 잡는 사람
> 들이 그 동일한 목표에 도달하는 것을 가능하게 하시기 때문이
> 다"(*Hebrews*, 45).

이런 의미에 있어서 그리스도는 신자의 동인이며 결과이다(Hughes,
Hebrews, 34). 다시 말하자면 그리스도 밖에서는 신자의 거룩함이란 없
다. 그리스도는 신앙의 기초(ground)이며, 신앙의 목표(goal)이시다
(Lehne, *The New Covenant*, 108). 그리스도는 신자의 거룩함을 위한 이쪽
의 한계와 저쪽의 한계이다. 그리스도는 신자의 거룩함을 위한 시작
이며 끝이다. 그리스도는 신자의 거룩함을 위한 최대한의 범위(범주)

이다. 이 때문에 히브리서는 한편으로는 그리스도의 제사적 희생으로 말미암아 그리스도인들이 바로 여기에서 온전함을 얻었다고 말하면서도 다른 한편으로는 여전히 온전해져야 한다(τελειοῦν)고 말하는 것이다.

II. 구약에 대한 견해

히브리서가 처음과 끝을 연결시키는 연속적인 구속사 사상을 가지고 있다는 것을 고려하면 구약에 대한 히브리서의 견해가 새롭게 이해된다. 이 단락에서는 히브리서가 구약계시와 구약제도와 구약인물에 대하여 어떻게 구속사적인 연속성을 제시하는지 살펴본다.

1. 구약계시

히브리서는 구약성경을 근본적으로 인정한다. 이것은 히브리서의 구약사용에서 확연하게 증명된다. 히브리서에는 구약성경이 많이 사용된다(참조. 조병수, "히브리서의 구약성경 인용"). 특히 레위기는 히브리서에서 중요한 위치를 차지한다(참조. 조병수, "히브리서에서 사용된 레위기").

게다가 흥미로운 것은 구약사용이 히브리서의 구조에 결정적인 영향을 끼치고 있다는 사실이다. 구약사용은 히브리서에서 중요한 뼈대를 이루고 있다. 이로부터 히브리서가 구약성경에 지대한 관심을 가지고 있다는 것은 두 말할 필요가 없을 정도로 자명한 것이다. 이것은 히브리서가 구약성경을 근본적으로 인정하고 있다는 것을 의미한다.

따라서 히브리서가 구약의 계시를 조금도 폄하(貶下)하지 않았다는 것은 의심할 여지가 없다. 이것은 히브리서가 처음부터 견지하는 사실이다. 히브리서 1:1~2를 살펴볼 때 이 사실은 잘 드러난다. 히브리서의 첫 단락은 계시의 연속성에 근거하여 구약성경의 계시를 아무런 어려움이 없이 그대로 받아들이는 것을 확연하게 알 수 있다. 이 단락은 다음과 같이 도식화할 수 있다.

주체	하나님이	
시간	옛적에	모든 날 마지막에
매체	선지자들을 통하여	아들을 통하여
방식	여러 부분과 모양으로	
대상	우리 조상들에게	우리에게
계시	말씀하심	

하나님의 계시는 하나님의 아들에게서 절정에 달하였다. 하나님의 계시는 이전에는 '선지자들 안에서' 주어졌고, 마지막 때에는 '아들 안에서' 주어졌다. 히브리서는 이 두 시대를 언급하면서 역접 접속사를 사용하지 않는다. 이것은 히브리서가 두 시대를 대조적인 성격보다는 연속적인 성격으로 이해하고 있다는 것을 의미한다. 그래서 Hughes가 "예수님은 계속적으로 하나님 말씀의 새로운 형태, 다시 말해서 종말론적으로 우월한 형태로 묘사된다"(Hebrews, 24)고 말한 것은 옳지 않다.

여기에서 무엇보다도 중요한 것은 이 두 시대에 말씀하신 하나님이 동일하시다는 사실이다. 이런 차원에서 "옛날 선지자들 안에서 말씀하신 하나님과 지금 아들 안에서 말씀하시는 하나님은 동일하다"고 말한 Weiss의 견해는 정당하다(*Hebräer*, 137). 동일한 하나님께서 '옛적'으로부터 '모든 날 마지막'까지 변함없이 말씀하셨다. 이것은 계시의 통일성을 의미한다. 통일된 계시에서 단지 방식이 다양할 뿐이다.

그리고 이 계시는 하나님의 아들에게서 종결한다. 하나님의 아들은 하나님의 계시의 마지막 단계에 있다(참조. 히 9:26). 따라서 마치 구약 공동체는 하나님의 말씀을 가지고 있지 않았고, 신약 공동체는 가지고 있는 것처럼 말할 수가 없다. 하나님의 말씀은 비록 상이한 방식이기는 하지만 두 공동체에 대하여 다 같이 동일한 요구를 한다.

말씀하시는 하나님에 기초하는 연속성은 히브리서 12장에서도 만날 수 있다. 여기에는 시내 산 사건(히 12:18~21)과 시온 산 사건(히 12:22~24)이 비교적으로 언급되면서 불연속성이 넓게 표명된다. 그러나 히브리서 12:25, 28을 볼 때 연속성은 분명하다. 여기에서도 두 사건을 연결시키는 중요한 요소를 발견할 수 있는데 그것은 "말씀하시는"(τὸν λαλοῦντα, 25) 하나님이시다. 하나님께서는 다른 형식과 다른 사건으로 말씀하시지만 이런 모든 외면적인 차이에도 불구하고 하나님의 말씀은 모든 경우에 동일한 반응을 요구한다("거역하지 말라"). 히브리서가 시내 산과 시온 산의 관계를 하나님의 말씀에 기초하여 설정하는 것은 마지막 사건에서 달성된 계시가 특별한 계시역사와 일반역사의 목표와 절정이 된다는 것을 의미한다.

히브리서는 구약에 나타난 하나님의 계시적인 뜻을 정당한 것으로 인정하면서도 그것은 실현되지 못했다고 설명한다. 왜 하나님의 계시적인 뜻이 실현되지 못했는가? Käsemann이 잘 지적한 것과 같이, 하나님의 계시적인 뜻이 실현되지 못한 원인은 육체적이고 지상적인 것을 지향하는 백성의 태도에 고정되어 있다(*People*, 63). 그러므로 구약백성은 구속사의 목표에 도달하지 못한다. 왜냐하면 그들은 단지 하늘로부터만 발견할 수 있는 것을 땅에 있는 율법과 제의로부터 찾았기 때문이다(Käsemann, *People*, 63). 이런 점에서는 구약백성과 신약백성 사이에 연속성이 없다(Käsemann, *People*, 63). 다시 말해서 백성에게서는 계시의 연속성이 파괴되었다. 이렇게 볼 때 불연속성의 문제는 계시에 있는 것이 아니라 백성에게 있는 것이다.

그러나 하나님의 말씀이 구속사의 연속성을 보증한다. 구속사의 연속성이 비록 인간 편에서는 자주 깨어지지만 하나님의 말씀에 의해서는 보증되었다. 하나님의 말씀이 구속사의 전체적인 연속성을 형성하는 것이다(Käsemann, *People*, 65).

2. 구약제도

이스라엘 백성에게 주어진 구약제도 가운데 대제사장 직분, 성전, 언약, 율법을 중심으로 히브리서가 구약제도와 관련하여 구속사적인 연속성을 어떻게 생각하고 있는지 살펴보자.

1) 대제사장(히 5~7장)

대제사장(ἀρχιερεύς) 기독론은 히브리서의 기독론에서 가장 중요한 주제들 가운데 하나로 히브리서의 구조에서 결정적인 위치를 점유하면서 예수 그리스도에 대한 언급의 전환점을 이룬다.

(1) 예수 대제사장과 구약 대제사장의 비교

히브리서를 살펴보면 예수 대제사장과 구약 대제사장들이 나란히 비교되는 것을 발견하게 된다. 이것은 특히 히브리서 7:11~28에 잘 나타난다. 이 단락은 다섯 가지 측면에서 예수 대제사장과 구약 대제사장을 비교한다.

① 반차(히 7:11~19)

구약의 대제사장들은 레위 계통의 아론 반차를 따른다면 예수 대제사장은 멜기세덱 반차를 따라 유다 지파에서 나셨다.

② 방식(히 7:20~22)

예수 대제사장은 맹세로 되었지만(히 7:20a, 21), 구약의 대제사장들은 맹세 없이 되었다(히 7:20b). 따라서 예수님은 더 좋은 언약의 중보자가 되셨다(히 7:22).

③ 수효(히 7:23~25)

구약의 대제사장들은 수효가 많다. 왜냐하면 죽음으로 말미암아 항상 존재하는 것(παραμένειν)이 방해를 받기 때문이다(διά). 그러나 예수 대제사장은 갈리지 않는 직분을 가진다. 왜냐하면 영원토록 존재하기(μένειν) 때문이다(διά). 따라서 그를 통하여 하나님께 나아가는 사람들을 끝까지(παντελές) 구원하실 수 있다.

④ 횟수(히 7:26~27)

구약의 대제사장들은 먼저 자신들의 죄를 위하고 다음에 백성의 죄를 위하여 '날마다'(καθ' ἡμέραν) 제사를 드려야 할 필요가 있다(히 7:27b). 그러나 예수 대제사장은 날마다 제사를 드려야 할 필요가 없다(히 7:27a). 왜냐하면 그는 '단번에'(ἐφάπαξ) 자신을 드림으로써 이것을 행하셨기 때문이다(히 7:27c).

⑤ 대상(히 7:28)

구약의 대제사장들은 약점을 가진 사람들이었지만(히 7:28a), 예수 대제사장은 영원히 종국에 도달하신 아들이시다(히 7:28b).

히브리서는 이와 같은 비교를 통하여 어떤 결론을 내리려고 하는 것인가? 언뜻 보기에는 히브리서가 예수 대제사장과 구약 대제사장의 불연속성을 날카롭게 강조하려는 것처럼 보인다. 그러나 이것은 히브리서에 나타난 예수 대제사장과 구약 대제사장의 관계를 한 쪽에서만 바라본 것이다.

(2) 예수 대제사장과 구약 대제사장의 연속성

예수 대제사장과 구약 대제사장은 다른 편에서 볼 때 긴밀한 연속성 가운데 있다. 무엇보다도 이것은 히브리서가 예수님의 대제사장적인 사역을 묘사함에 있어서 구약 대제사장들과 동일한 기본요소들을 사용하고 있다는 점에서 분명하게 가시화된다(Goppelt, Typos, 199f.). 이런 점에서 히브리서는 주저하지 않고 예수님께서 "모든 면에 형제들과 같이 되심(ὁμοιωθῆναι)이 마땅하도다"(히 2:17)라고 말한다.

   ① 대제사장 직분의 기원(히 5:1~10)

히브리서에서 구약 대제사장과 예수 대제사장의 긴밀한 연속성과 관련하여 무엇보다도 중요한 것은 예수 대제사장과 구약 대제사장의 기원이다. 이에 관해서는 히브리서 5:1~10이 정확하게 설명해준다. 이 단락을 도표화하면 다음과 같다.

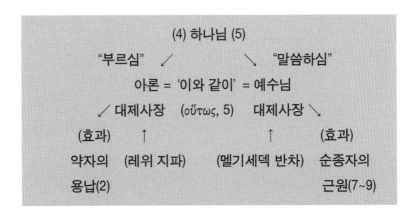

히브리서는 대제사장이신 예수님께서 구약의 대제사장들과 어떤 관
계를 가지는지 설명한다. 대제사장 예수님과 구약의 대제사장은 연
속선상에 있다. 히브리서는 구약의 대제사장 가운데 예수 대제사장
과 비교할만한 대표적인 인물로 아론을 언급한다(히 5:4). 그런데 아론
대제사장과 예수 대제사장 사이에는 동일점이 있다. Weiss는 이것을
다음과 같이 적절하게 지적하였다.

> "*καθώσπερ*(히 5:4) − *οὕτως*(히 5:5) 도식에 이어 히브리서 5:5에서
> 기독론적인 측면에서의 상응에 대한 증거가 시작된다. 이것은 우선
> 히브리서 5:4에서 언급된 아론의 대제사장 직분에 대한 직접적인 상
> 응이다"(*Hebräer*, 307).

> 그러나 Weiss에게서 문제가 발견된다. 그는 이렇게 아론 대제사장과
> 예수 대제사장의 상응성을 말하면서도 그것을 무시하고 예수 대제사
> 장의 우월성만을 주장하기 때문이다(*Hebräer*, 308).

아론 대제사장과 예수 대제사장 사이의 동일점은 두 인물이 모두 스
스로 이 존귀(히 5:4)와 영광(히 5:5)을 취한 것이 아니라 하나님의 부르
심(*καλούμενος ὑπὸ τοῦ θεοῦ*, 히 5:4)과 말씀하심(*ὁ λαλήσας*[=θεός], 히 5:5)
을 따라 되었다는 데 있다. "진정한 대제사장 직분은 아론에게서 보
듯이 하나님의 부르심을 전제로 한다(히 5:4). 실제로 예수님도 역시
분명하게 하나님에 의하여 이 직분을 임명받았다"(Goppelt, *Typos*, 197).

여기에서 힘주어 강조되는 것은 아론에게서든지 예수님에게서든지
하나님이 대제사장 직분의 동인이라는 사실이다. 히브리서는 가장

중요한 것을 말하고 있다. 아론과 예수님이 대제사장이 된 것은 지파에 차이가 있음에도 불구하고(레위 지파와 멜기세덱 반차), 하나님이 불러세우셨다는 점에서는 동질성을 가진다('이와 같이' οὕτως, 히 5:5). 더 나아가서 아론 대제사장과 예수 대제사장은 연약성을 가지고 있다는 점에서나(히 5:2, 7f.) 사람들과 밀접한 관계를 가지고 있다는 점에서도(히 5:2, 9) 동일성을 지니고 있다.

② 대제사장 직분의 이동(히 7:11~19)

히브리서에서 예수 대제사장과 구약 대제사장 사이의 연속성을 설명하기 위하여 또 한 가지 중요한 것은 제사장 직분의 이동이다. 이에 관해서는 히브리서 7:11~19이 잘 증거 해준다. 이 단락에 의하면 제사장 직분은 레위 지파의 제사장에게서 종국에 도달하는 것이 아니다. 그러므로 제사장 직분은 레위 지파의 제사장으로부터 다른 누구에겐가 반드시 이동해야 한다. 이 때문에 히브리서는 레위의 제사장 직분이 종국(τελείωσις)이라면, 아론 반차를 따르지 않고 멜기세덱 반차를 따르는 다른 제사장을 세울 필요가 무엇인가라고 묻는다(히 7:11).

제사장 직분은 레위 지파의 제사장에게서 종국을 맞이하는 것이 아니라 필연적으로 이동해야 한다(μετατιθεμένης γάρ τῆς ἱερωσύνης ἐξ ἀνάγκης, 히 7:12). 그런데 이 말에서 주의해야 할 것은 사실상 이동(μετάθεσις)이 제사장 직분 그 자체에 관련되지 않고 제사장 직분의 수행자에 관련된다는 것이다. 다시 말하자면 제사장 직분에 어떤 변화가 발생했다는 것 아니라 제사장 직분이 다른 수행자에게 이동했다는 것이다.

이 사실은 문맥을 고찰할 때 분명하게 입증된다. 히브리서는 바로 앞에서 "어찌하여 아론의 반차를 따르지 않고 멜기세덱의 반차를 따르는 다른(ἕτερος) 한 제사장을 세울 필요가 있느냐"(히 7:11b)라고 물었다. 이것은 제사장 직분 그 자체를 문제시 삼는 것이 아니라 제사장 직분의 수행자(멜기세덱의 반차를 따르는 제사장이냐 아니면 아론의 반차를 따르는 제사장이냐)를 문제시 삼는 것이다.

이것은 뒤의 문맥을 살펴볼 때 더욱 분명해진다. "이것은 한 사람도 제단 일을 받들지 않은 다른(ἕτερος) 지파에 속한 자를 가리켜 말한 것이라"(히 7:13). 그것은 주님께서 나오신 유다 지파로서 모세가 제사장들에 관하여 아무 것도 말하지 않은 지파이다(히 7:14). 제사장 직분의 대상이 레위 지파에서 유다 지파로 이동하며, 아론을 따르는 자에게서 멜기세덱을 따르는 자로 이동한다. "멜기세덱과 똑같은 다른(ἕτερος) 제사장이 일어난 것을 보니 더욱 분명하도다"(히 7:15). 이에 대하여 Grässer는 잘 정리해주었다:

"실제로 제사장 직분은 법적으로 규정된 레위 지파로부터 제사장이 아니던 다른 지파로 바뀌었다"(Hebräer 2, 40).

Grässer는 다시 이것을 "제사장적인(레위) 지파로부터 비제사장적인 (유다) 지파로의 제사장 직분의 이동"이라고 표현하였다(Hebräer 2, 42). 여기에서 '이동'(Übergang)이라는 단어에 주의해야 한다. 제사장 직분과 관련하여 레위 지파(아론)가 시작이라면 유다 지파(멜기세덱 / 예수님)

는 종국이다. 마치 에녹이 땅에서 하늘로 이동했을 때(히 11:5) 에녹 자신에게는 변동이 없고 에녹의 위치만 땅에서 하늘로 이동한 것처럼, 제사장 직분이 이동했다는 말에서 제사장 직분 자체에는 변동이 없고 단지 제사장 직분의 대상이 이동한 것이다. 이렇게 볼 때 제사장의 직분은 연속적이다.

2) 성전(히 8~9장)

히브리서에서 구약제도에 대한 연속성을 이해하기 위해서 두 번째로 검토할 것은 성전이다. 히브리서에서 성소와 장막이 중심적인 주제 가운데 하나라는 것은 아무도 부인할 수 없다. 이에 관하여는 다음과 같은 단어들에 주의해야 한다. 첫째로, 성소를 위해서는 ἅγιον(단수형, 히 9:1[성소와 지성소를 합한 개념!])과 ἅγια(복수형, 히 8:2; 9:2, 8, 12, 24, 25; 10:19; 13:11)가 사용되었고, 둘째로, 지성소를 위해서는 ἅγια ἁγίων(히 9:3)이 사용되었으며, 셋째로, 장막을 위해서는 σκηνή(히 8:2, 5; 9:2, 3, 6, 8, 11, 21; 11:9; 13:10)가 사용되었다. 히브리서에는 ἱερόν과 ναός가 사용되지 않았다.

히브리서는 성소와 장막의 구조에 관하여 잘 알고 있다. 성소(ἅγιον, 히 9:1)에는 두 개의 장막이 있다. 첫째 장막(ἡ πρώτη σκηνή)은 성소

(ἅγια)라고 불린다(히 9:2, 6, 8). 여기에는 등대와 상과 진설병이 있다
(히 9:2). 둘째 휘장 뒤에 있는 둘째 장막(ἡ δεύτερα σκηνή)은 지성소
(ἅγια ἁγίων)로서(히 9:3, 7) 금향로와 사면을 금으로 싼 언약궤가 있고
언약궤 안에는 만나를 담은 금 항아리와 아론의 싹 난 지팡이와 언약
의 비석들이 들어있다(히 9:4). 금향로가 지성소 안에 있다는 것은 대
속죄일에 대제사장이 제단 불을 지성소로 가지고 들어간 상황을 묘
사하는 것으로 이해할 수 있다(히 9:7; 레 16:12~13 참조). 언약궤 위에는
영광들의 그룹들이 있다(히 9:5).

히브리서는 이것들에 관한 자세한 설명을 포기한다(히 9:5). 왜냐하면
중요한 것은 성소의 구조가 아니라 제사의 제도이기 때문이다. 따라
서 히브리서는 성소의 구조에 관한 이야기에서 제사의 제도에 관한
설명으로 넘어간다. 히브리서는 성소에는 제사장이 항상 들어가지만
지성소에는 대제사장이 혼자서 일 년에 한번 피를 가지고 들어간다
고 알려준다(히 9:6f.; 레 16:34).

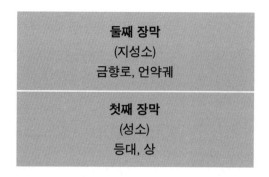

둘째 장막
(지성소)
금향로, 언약궤
첫째 장막
(성소)
등대, 상

히브리서는 이렇게 성소와 장막의 구조에 관하여 설명하면서 성소와
장막에 관하여 몇 가지 특별한 성격들을 규정한다.

"그들이 섬기는 것은 하늘에 있는 것들의 모형(ὑπόδειγμα)과 그림자
(σκιά)라"(히 8:5).

"첫 언약에도 섬기는 예법과 세상에 속한 성소(τὸ ἅγιον κοσμικόν)가 있
더라"(히 9:1).

"이 장막은 현재를 위한 비유(παραβολή)니… 육체의 예법(δικαιώ-
ματα σαρκός)일 뿐이며 개혁할 때까지(μέχρι καιροῦ διορθώσεως) 맡
겨둔 것이니라"(히 9:9~10).

"그러므로 하늘에 있는 것들의 모형(ὑπόδειγμα)은 이런 것들로써 정
결하게 할 필요가 있었으나 하늘에 있는 그것들은 이런 것들보다 더
좋은 제물로 할지니라 그리스도께서는 참 것들의 그림자(ἀντίτυπα)
인 손으로 만든 성소에(εἰς χειροποίητα ἅγια ἀντίτυπα τῶν ἀληθινῶν)
들어가지 아니하시고 …"(히 9:23~24).

여기에서 성소와 장막의 여러 가지 성격들이 드러난다. 성소와 장막
은 본질로는 모형(ὑπόδειγμα)과 그림자(σκιά)이며(히 8:5; 9:23), 참 것의
그림자(ἀντίτυπα τῶν ἀληθινῶν)이고(히 9:24), 공간으로는 세상에 속한
성소(τὸ ἅγιον κοσμικόν)이며(히 9:1), 목적으로는 현재를 위한 비유
(παραβολή)이고(히 9:10), 기능으로는 육체의 예법(δικαιώματα σαρκός)
이며(히 9:10), 시간으로는 개혁의 때까지(μέχρι καιροῦ διορθώσεως) 맡겨
둔 것이며(히 9:10), 유래로는 창조(κτίσις)에 속한 것이며(히 9:11), 물질
로는 손으로 만든 성소(χειροποίητα ἅγια)이다(히 9:24). 언뜻 볼 때 이러
한 설명들은 성소와 장막을 여러 가지 측면에서 매우 부정적으로 묘

사하는 것처럼 보인다. 그러나 자세히 살펴볼 때 이와 같은 설명에는
긍정적인 면이 있다는 것을 놓칠 수가 없다. 이러한 설명들의 긍정
성에 대하여 Käsemann은 다음과 같이 말한다:

> "… 왜냐하면 옛 질서는 '그림자와 모형'으로서(8:8; 9:23; 10:1), 천상
> 적인 것의 '복사'로서(9:24) 긍정적으로 평가되기 때문이며, 이스라엘
> 의 소유는 실제로 '그 모든 위대함과 경건함에 따라 묘사'되기 때문
> 이다"(마지막 구절은 Schlatter, *Theologie des Neuen Testaments*에서 인용한 것
> 임, *People*, 59).

Grässer도 Käsemann의 의견을 따라 히브리서 9:24를 해석하면서 이
와 유사한 주장을 편다:

> "땅에 있는 성소는 무가치한 것으로 논쟁적으로 묘사되는 것이 아니
> 라 하늘에 있는 것의 반영으로서 긍정적인 인정을 얻는다"(*Hebräer 2*,
> 190).

다른 말로 하자면 Käsemann의 주장과 같이 구약의 카테고리는 새로
운 구원에도 적당한 것이다(*People*, 59f. 이것은 Michel의 견해에 근거한 것이
다). 물론 Käsemann은 어떤 점에서 성소와 장막에 관하여 위에서 언
급한 정의들이 긍정적으로 평가되어야 하는지 더 이상 말하지는 않
는다. 우리는 계속해서 성소와 장막의 긍정성에 관하여 생각해 본다.

(1) 그림자로서의 성소(히 8:1~6)

무엇보다도 성소의 긍정성은 그림자(σκιά), 또는 모형(ὑπόδειγμα)과
본(ἀντίτυπα)이라는 사실에서 드러난다(히 8:5; 9:23~24). 많은 사람들이
그림자를 부정적인 의미로 해석한다. 그 까닭은 그림자를 본질적인
실제에 대한 희미한 자취라고 생각하기 때문이다. 그렇게 되면 그림
자는 실체에 비하여 질이 떨어지는 것으로 이해된다(Weiss, *Hebräer*,
436f.). 그러나 이것은 히브리서가 말하려는 그림자의 개념이 아니다.
히브리서는 몸과 그림자를 우등과 열등이라는 대조개념으로 이해하
는 것이 아니라 어울림의 상응개념으로 이해한다. 이것은 문맥을 살
펴볼 때 어렵지 않게 파악된다.

① 구약 대제사장과 예수 대제사장의 역할은 동일하다

히브리서에서 예수 대제사장과 구약 대제사장의 역할은 동일하다.
예수 그리스도는 성소와 참 장막을 섬기는 분(λειτουργός)이시고(히
8:2), 대제사장들은 하늘에 있는 것들의 모형과 그림자를 섬긴다
(λατρεύουσιν, 히 8:5). 그런데 예수 대제사장과 구약 대제사장의 섬김
은 둘 다 제물을 드리는 것이다. 이 때문에 참 장막과 장막에 대한 진
술(히 8:5)은 구약 대제사장과 예수 대제사장 사이에는 제물을 드림에
있어서 필연적으로(ἀναγκαῖον) 상응성이 있다는 것에서 시작하는 것
이다(히 8:3~4). "대제사장마다 예물과 제사 드림을 위하여 세운 자니
그러므로 그도(καὶ τοῦτον) 무엇인가 드릴 것이 있어야 할지니라"(히
8:3).

그러면 제물 드림에 있어서 구약 대제사장과 예수 대제사장 사이에 이런 상응성이 왜 필연적으로 발생하는가? 그것은 참 장막과 장막 사이에 상응성이 있기 때문이다(히 8:5). 히브리서는 구약 대제사장과 예수 대제사장 사이에 나타나는 역할의 일치성을 설명하기 위해 하늘에 있는 장막과 땅에 있는 장막의 상응성을 제시하는 것이다.

② 참 장막과 장막을 만드신 하나님이 동일하다

히브리서는 참 장막이 주님께서 세우신 것이지 사람이 세운 것이 아니라고 말하고(히 8:2), 땅에 있는 장막은 모세가 제시된 본을 따라서 (κατὰ τὸν τύπον τὸν δειχθέντα) 지시를 받아 완성시켰다고 말한다(히 8:5; 출 25:40). 이것을 다음과 같이 도식화할 수 있다.

> **하늘에 있는 것(5) = 참 장막(2) = 주께서 지으심(2)**
> ↓
> **모형/그림자/본(5) = 장막(5) = 모세가 (주께) 지시 받음(5)**

여기에서 하늘에 있는 것으로서의 참 장막과 그림자(또는 모형)로서의 장막 사이에 나타나는 연속성을 발견하게 된다. 무엇보다도 참 장막과 장막 사이의 연속성은 작자의 동일성에서 확인된다. 참 장막은 사람이 지은 것이 아니라 주께서 지은 것이며, 장막은 모세가 완성하였지만 (주의) 지시를 받은 것이다. 여기에 사용된 수동태 '지시하심을 얻었다'(κεχρημάτισται)는 분명히 신적인 수동태이다(참조, 11:7 노아 방주; 12:25 시내산).

말하자면, 하나님 자신이 모세에게 이 지시를 주신 것이다(Weiss, *Hebräer*, 437). 이것은 인용구(출 25:40)에 들어있는 수동태 '보여진'(δειχθέντα)에 근거하고 있다. '지시하다'는 이 외에 히브리서에서 두 번 더 사용되었는데(히 11:7; 12:25), 히브리서 11:7에서도 신적인 수동태로 사용되었다. 이렇게 참 장막과 장막은 동일한 하나님께 기원을 둔다. 따라서 참 장막과 장막은 작자가 동일하다는 점에서 본질적으로 동일한 성격을 가지고 있다.

③ 몸과 그림자는 일치한다

참 장막과 장막의 연속성은 그림자의 의미를 숙고할 때 드러난다. 히브리서는 참 장막을 마치 몸인 것처럼 설명하고, 장막을 그림자로 설명한다. 히브리서가 장막을 그림자로 제시하는 데는 여러 가지 이유가 있겠으나 그 가운데 하나는 몸과 그림자가 일치성을 가진다는 것을 보여주기 위함이다. Lohmeyer는 그림자도 중요한 의미를 가진다는 점을 다음과 같이 지적하였다:

"그러나 이런 설명은 '그림자'에게도 어떤 의미와 권리를 제공한다. 왜냐하면 그림자 없는 몸이 없고 몸 없는 그림자가 없다면, '그림자'도 역시 실제에 관련되기 때문이다"(*Kolosser*, 122).

Schulz도 이와 비슷한 주장을 하였다:

"말하자면 그림자는 이미 실제(즉 몸의 실제)를 지시한다는 사실을 간과해서는 안 된다. 왜냐하면 그림자 없는 몸이 있을 수 없듯이 몸 없는 그림자도 있을 수 없기 때문이다"("σκιά", 400).

Weiss도 히브리서는 지상의 것과 천상의 것 또는 원형과 모형 사이에 발생하는 상응을 설명하려는 필연적인 논리에 철저하게 사로잡혀 있다고 말한다(*Hebräer*, 484).

몸과 그림자의 관계는 불가분리이다. 한 마디로 말해서 그 몸에 그 그림자일 뿐이다. 몸과 다른 그림자는 있을 수가 없다. 몸과 그림자는 일치한다(체영일치 體影一致). 신체와 영상은 근본적으로 다르지 않다(신상불이 身像不二). 판과 판박이는 동일한 모습을 보여준다. A판에는 A판박이가 나올 뿐이지 B판박이가 나올 수 없듯이, 참 장막에서 장막이 나올 뿐이지 다른 것이 나올 수 없다.

그림자의 의미는 몸에 대한 완전한 일치성에서 드러난다. 사실상 그림자만큼 일치성을 잘 설명해주는 단어가 없다. 이렇게 볼 때 히브리서는 하늘에 있는 성소와 땅에 있는 성소의 일치성을 가장 완벽하게 표현하기 위하여 그림자라는 단어를 사용한 것이다. 이것은 마치 히브리서의 첫머리에서 하나님과 하나님의 아들 사이의 일치성을 설명하기 위하여 '광채'(ἀπαύγασμα)와 '성품'(χαρακτήρ)이라는 단어를 사용한 것과 비슷한 경우이다(히 1:3).

히브리서는 그림자에 대한 긍정성을 구약성경에서 빌려온 것임에 틀림없다. 그림자를 가리키는 그리스어(σκιά)에 해당되는 히브리어(צֵל)는 구약에서 사람과 관련하여 사용될 때는 부정적인 의미를 나타내지만(예. 시 144:4) 하나님과 관련해서는 대체적으로 매우 긍정적인 의미를 보여준다. 전능자의 그림자(시 91:1)에서 나타나는 은혜는 전능자가 베푸는 은혜와 동일한 성격이며, 하나님의 날개의 그림자(시 17:8; 36:8; 57:1 등등)가 주는 혜택은 하나님의 날개가 주는 혜택과 다를 바가 없다.

이것은 하나님의 메시아의 그림자(애 4:20)라든가 하나님의 손의 그림자(사 51:16)에도 그대로 해당되는 일이다. 실체와 그림자가 동일한 성격을 가진다는 것은 특히 나무와 그림자의 관계에서 잘 나타난다. 새들이 나무 그림자로부터 얻는 혜택은 나무가 주는 혜택과 동일한 것이다. 나무가 웅장한 것처럼 나무의 그림자도 웅장하다. 나무의 그림자는 나무의 규모에 완벽하게 상응한다(겔 17:23; 31:6; 막 4:32).

실체와 그림자의 일치성에 대한 생각은 성경 밖의 문서들에서도 발견된다. 쿰란 문서인 1QH 6,15는 나무와 그림자의 관계성을 다음과 같이 설명한다.

"여기에서는 신비한 나무가 언급되는데 그 우듬지는 하늘까지 달하고 그 뿌리는 테홈까지 뻗친다. 이 나무는 새들과 땅에 그늘(צל)을 제공한다".

이것은 나무 그림자의 웅장함이 나무의 웅장함에 그대로 일치한다는 사실을 회화적으로 묘사하고 있다.

또한 Philo는 출애굽기 33:22~23의 '내 손으로 너를 덮었다'(שכל, LXX σκεπάσω)를 해석하면서(Leg All 3,103f.), 그림자(σκιά)와 형상(εἶδος)의 대

조를 발견하였다. 이것은 아마도 하나님의 손과 그 덮음이 상응하는 것을 인식하였기 때문일 것이다.

(2) 비유로서의 성소(히 9:1~28)

또한 성소의 긍정성은 성소가 비유라는 사실에서 드러난다. 히브리서 9장은 선명하게 두 가지 내용을 말하고 있다. 먼저 히브리서 9:1~10은 손으로 지은 장막의 예배법(δικαιώματα)을 설명하고(히 9:1, 10), 이어 히브리서 9:11~28은 손으로 짓지 아니한 장막의 예배법을 설명한다. 전자는 후자를 위한 비유이다. "이 장막은 현재를 위한 비유(παραβολή)이다"(히 9:9).

비유라는 말은 병행점이 있다는 것을 가리킨다. 이 두 예배법 사이에는 세 가지 일치점이 있다. 두 예배법에는 다같이 첫째로 대제사장이 필요하며, 둘째로 성소가 있어야 하며, 셋째로 피를 사용해야 한다. 이 세 가지는 두 예배법에 다같이 일치하는 요소들이다. 이런 의미에서 첫째 예배법과 둘째 예배법은 연속성을 가진다.

그렇다면 왜 첫째 예배법 대신에 둘째 예배법이 와야 하는가? 그것은 인간의 허물(ἀγνοημάτων, 히 9:7)과 범죄(παραβάσεων, 히 9:15) 때문이다. 장막이나 장막예배가 잘못된 것이 아니라 장막예배를 드리는 사람이 잘못되었다는 말이다. 따라서 항상 허물과 범죄에 참여하는 예배자들은 첫째 예배법에서 **양심**(συνείδησις)을 따라 의롭게 되지는 않고(히 9:9), 단지(먹고 마시는 것과 씻는 것들로써) **육체**(σάρξ)의 의(육체를 의롭게 하는 것)를 이룰 뿐이다(히 9:10). 첫째 예배법을 따라 드려지는 예물과 제사로는 허물과 범죄를 반복하는 예배자가 양심상으로 종국에 이르지 못한다.

그러므로 바로 잡아야 할 것은 장막이나 장막예배가 아니라 반복적인 허물과 범죄 가운데 예배를 드리는 사람이다. 사람을 교정함으로써 육체의 의를 이루는 대신에 양심의 의를 이루어야 한다. 이 때문에 짐승의 피로 육체를 정결하게 하는(히 9:13) 대신에 그리스도의 피로 양심을 깨끗하게 하는 것이다(히 9:14).

이렇게 볼 때 '교정(개혁)의 시기까지'(μέχρι καιροῦ διορθώσεως, 히 9:10)라는 말은 제도를 바로 잡는다는 말보다는 사람을 바로 잡는다는 말로 이해해야 한다. 교정해야 할 것은 제도가 아니라 사람이다. 사람이 교정(개혁)될 때까지(범죄를 속죄 받을 때까지) 첫째 예배법의 예물과 제물은 육체에 관한 의가 될 뿐이다. 첫째 예배법에서 범한 사람의 범죄를 속죄하기 위하여 예수 그리스도께서 죽으셨다(히 9:15). 이것이 둘째 예배법이다. 둘째 예배법에서는 예수님께서 대제사장이 되시고(히 9:11), 그의 피가 사용되며(히 9:12), 손으로 짓지 아니한, 곧 더 크고 온전한 장막으로 말미암아 단번에 성소에 들어가셨다(히 9:11~12). 그래서 둘째 예배법은 **육체**(σάρξ)를 정결하게 할 뿐 아니라 **양심**(συνείδησις)을 정결하게 한다(히 9:13~14).

※ 히브리서 9장의 도식:

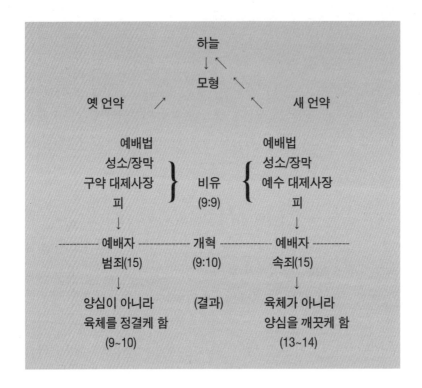

3) **언약**(히 8:1~13)

히브리서는 두 가지 종류의 언약(διαθήκη)을 말한다. 첫째로, 첫 언약
(히 8:7, 13; 9:1, 15, 18)은 모세를 통하여 '애굽 땅에서 인도하여 내던 날
에 세운 언약'(히 8:9)이다. 둘째로, 새 언약(히 8:8, 13)은 둘째 언약이라
고 불리는데(히 8:7), 예레미야를 통하여 예언된 것으로서 주의 날이
이를 때에 주께서 이스라엘 집과 유다 집에 대하여 완성시킬
(συντελέσω) 새 언약이며(히 8:8), 그 날 후에 주께서 이스라엘 집에 대

하여 맺을(διαθήσομαι) 언약이다(히 8:10). 새 언약은 더 좋은 언약이다 (히 7:22; 8:6). 예레미야에 의하여 예언된 새 언약은 결국 예수 그리스 도에 의하여 완성된다. 왜냐하면 예수 그리스도는 새 언약(더 좋은 언 약)의 보증(ἔγγυος, 히 7:22)과 중보자(μεσίτης, 히 8:6; 9:15; 12:24)가 되시기 때문이다. 이것은 진정한 의미에서의 '새 언약'(히 9:15)이다.

```
예수 그리스도:   새 언약 (더 좋은 언약) 성취
예 레 미 야:    새 언약 예언 ──┐
모         세:  첫 언약 실행 ──────┘
```

히브리서는 첫째 언약을 가리켜 무흠하지 않다고 말한다(히 8:7). '무 흠하다'(ἄμεμπτος)는 '온전하다'(τέλειος)에 상응하는 의미를 가진다. 따라서 이 단어는 '온전하다'(τέλειος)와 마찬가지로 첫 언약이 그 목적 (Ziel)에 도달하지 못했다는 것을 의미한다. 그러면 첫째 언약이 어떤 점에서 목적에 도달하지 못하였는가(흠이 있는가)?

이에 대답하기 위하여 언약의 성격을 이해해야 할 필요가 있다. Lindars가 잘 지적한 대로 "언약은 두 당사자 사이의 동의이다. 각 당사자는 동의한 조항에 따라서 행동해야 할 의무 아래 있 다"(Hebrews, 98). 그래서 만일에 한 당사자가 약속한 조항을 지키지 않 게 되면 언약은 자동적으로 깨지고 만다.

첫째 언약은 하나님과 이스라엘 백성('이스라엘 집과 유다 집') 사이의 언 약인데(히 8:8), 이스라엘 백성이 언약을 지키지 않음으로써('그들은 내 언약 안에 머물러 있지 아니하므로') 언약은 깨지고 말았다(히 8:9). 그래서 첫째 언약은 흠이 생기고 목적에 도달하지 못하였다. 이렇게 첫째 언약이 흠이 생기고 목적에 도달하지 못했다는 것은 이스라엘 백성이 언약을 지키지 않음으로 말미암아 약속이 깨어졌다는 것을 의미한다.

따라서 예레미야 선지자의 예언에서 특히 주목해야 할 것은 바로 이스라엘 백성에 대한 책망이다. 히브리서는 이 점을 놓치지 않았다. 히브리서가 예레미야 선지자의 예언에서 관심을 가지는 것은 단지 첫째 언약과 관련된 책망이다(Weiss, *Hebräer*, 443f.). 그러므로 히브리서는 새 언약에 대한 예레미야 선지자의 예언은 '그들의 잘못을 지적하여'(μεμφόμενος, 히 8:8) 주어진 것이라고 말한다. 첫째 언약 대신에 새 언약을 약속하는 것은 이스라엘 백성의 불의와 범죄 때문이다(히 8:12). Käsemann은 이 점을 아주 잘 지적하였다:

"그러므로 첫 언약의 폐지는 하나님의 옛 백성 편에서 범죄로 말미암아 약속을 무시한 데 기인한다"(*People*, 62).

사실상 어떤 언약에서든지 항상 문제가 되는 것은 사람 쪽의 당사자의 범죄이다. 그래서 옛 언약에서도 새 언약에서도 인간의 범죄를 방지해야 하는 것은 언약보존을 위한 최대의 관건이다. 이에 대한 Käsemann의 설명은 설득력이 있다:

"지금부터 예수님께서 인간의 죄에 직면하여 새 언약의 보증과 중보자가 되어야만 하듯이, 옛 시대에도 거룩한 제도들은 인간의 죄에도 불구하고 옛 언약의 안정성을 보증해야만 했다"(*People*, 60).

여기에서 주목해야 할 것은 사실상 옛 언약의 내용과 새 언약의 내용에는 아무런 차이가 없다는 것이다. 새 언약의 내용은 "나는 그들에게 하나님이 되고 그들은 내게 백성이 되리라"(히 8:10)는 것인데, 이것은 이미 모세를 통하여 주어진 옛 언약에서도 언급된 것이다(참조. 출 6:7; 레 26:12). 모세를 통하여 주어진 언약은 아브라함이 받은 언약에 뿌리를 두고 있다("나는 그들 [=아브라함의 자손]의 하나님이 되리라", 창 17:1~8, 특히 8절).

옛 언약의 내용과 새 언약의 내용에 아무런 변화가 없다는 점에서 옛 언약 속에 새 언약이 들어있다고 말할 수 있다(der neue Bund im alten). 이 때문에 히브리서는 예수 그리스도와 관련된 '더 좋은 언약'에서도 내용에 관하여는 아무 것도 말하지 않는다. 왜냐하면 언약의 내용은 언제나 동일하기 때문이다. 문제는 언약의 내용에 있지 않고 언약의 대상에 있다.

그래서 이 단락에서 예레미야를 인용하는 목적이 백성의 갱신을 주제로 삼고 있듯이("그들의 잘못을 지적하여 말씀하시되", 히 8:8), 인용문도 백성의 갱신을 주제로 삼는다("내 법을 그들의 생각에 두고 그들의 마음에 이것을 기록하리라", 히 8:10). 이렇게 볼 때 두 언약의 관계는 열등한 지상적 형식과 우등한 천상적(또는 영적) 형식이라는 대조보다는 이전 형식과 이후 형식이라는 수평적이며 역사적인 관계로 이해해야 한다. Hughes의 설명은 적절하다:

"요점은 이것이다. 두 언약은 이전 형태와 나중 형태이다. 두 언약은 첫째 언약(πρωτή)과 새 언약(καινὴ διαθήκη)이다. 전자는 후자에 대하여 성취에 대한 예상으로 서 있으므로 수평적인 또는 역사적인 관계에 놓여있다"(*Hebrews*, 45).

단지 시간적으로 볼 때, 둘째 언약이 새 언약이라면 첫째 언약은 옛 언약이다(히 8:13). 그러므로 첫째 언약은 내용적으로가 아니라 시간적으로 옛 것(former, frühere)이 되었다. 히브리서는 첫째 언약이 시간적으로 옛 것이라는 사실을 세 가지 말로 표현한다(히 8:13). 첫째 언약은 옛 것이며(παλαιοῦν), 나이가 든 것이며(γηράσκειν), 더 이상 전면에 등장하지 않고 뒷면에 있다(ἀφανισμός). 이 때문에 히브리서 8:13에 근거하여 첫째 언약을 본질적인 평가절하(Disqualifizierung)의 의미로 무가치한 것이 되었다고 이해해서는 안 되고, 오히려 시간적인 평가이동(Umqualifizierung)의 의미로 옛 것이 되었다고 이해해야 한다.

4) 율법

네 번째로 히브리서가 구약성경에 대하여 어떤 입장을 가지고 있는지 알아보기 위하여 율법에 대한 이해를 고찰해야 한다.

(1) 율법의 성격(히 10:1)

히브리서가 율법의 성격에 관하여 가장 간명하게 말하는 것은 다음과 같다: "율법은 장차 오는 좋은 일들의 그림자를 가지고 있지, 실체의 형상을 가지고 있지는 않으므로"(히 10:1). 이 단락에서 '장차 오는 좋은 일들'(μέλλοντα ἀγαθά) 또는 '실체'(πράγματα)에 대하여 한편으로는 '그림자'(σκιά)가 있고, 한편으로는 '형상'(εἰκών)이 있다고 생각하는 것은 옳지 않다. 오히려 '형상'(εἰκών)을 '실체'(πράγματα)와 똑같은 원형(original)으로 여기고, '그림자'(σκιά)를 '모형'(copy)으로 여기는 것이 옳다.

> 여기에서 말하는 그림자도 성소에 관한 언급에서처럼(히 8:5) 실체와의 연속적인 관계성을 보여준다. "그림자는 원형에 종속되어, 그림자는 그 원형의 그림자를 비추거나 나타낸다"(Weiss, *Hebräer*, 500).

(2) 율법의 이동(히 7:11~19)

히브리서 7:11~19는 잘 짜여진 단락이다. 위에서 살펴본 바와 같이 히브리서는 레위의 제사장 직분이 종국이라면, 아론 반차를 따르지 않고 멜기세덱 반차를 따르는 다른 제사장을 세울 필요가 무엇인가라고 묻는다(히 7:11). 레위의 제사장 직분은 종국이 아니기 때문에 제사장 직분의 이동이 필요하다(μετατιθεμένης τῆς ἱερωσύνης ἐξ ἀνάγκης, 히 7:12). 제사장 직분은 레위 지파에서 유다 지파로 이동한다(히 7:13~15). 제사장 직분은 아무도 제단 일을 받들지 않은 다른 지파로 이동한다(히 7:13). 그것은 유다 지파이다(주님이 일어나신 지파, 모세가 제사장들에 관하여 아무 것도 말하지 않은 지파)(히 7:14). 여기에서 멜기세덱과 유사한 다른 제사장이 일어난다(히 7:15). 이렇게 제사장 직분이 이동하였다면 율법의 이동도 필연적이다(μετάθεσις, 히 7:12). 따라서 제사장 직분의 이동과 율법의 이동에 유사한 현상(analogy)이 발생한다(히 7:16).

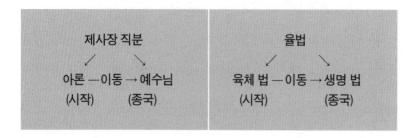

이동은 두 지점을 전제로 한다. 이에 대한 가장 좋은 예가 히브리서 6:1이다. 여기에 시작(ἀρχή)을 떠나 종국(τελειότης)으로 나아가는 것 (이동하는 것)이 묘사된다. 이때 시작은 불완전하다는 개념이 아니며, 종국은 완전하다는 개념이 아니다. 히브리서 6:1에 의하면 시작이 기초(θεμέλιος)를 의미하므로 종국은 아마도 건물을 의미할 것이다. 기초는 언제나 가치가 있으며, 기초의 가치는 언제나 유효하다. 이렇게 볼 때 시작의 가치는 계속 남아있다.

마찬가지로 제사장 직분의 이동과 율법의 이동에서도 제사장 직분과 율법의 가치는 계속해서 존속한다. 제사장 직분이 아론에게서 예수님에게로 이동해도 그 자체에는 변함이 없고, 율법이 육체 법에서 생명 법으로 이동해도 그 자체에는 변함이 없다. 이것은 혼인잔치가 처음 초대받은 사람들에게서 다시 초대받은 사람들에게로 이동해도 혼인잔치 그 자체에는 달라진 것이 아무 것도 없는 것과 똑같다(마 22:1~14; Bullinger, *De testamento seu foedere Dei* 참조). 따라서 구약의 제사장 직분과 율법은 중심점에서 변할 것이 없다. 구약의 제사장 직분과 율법은 중심성에 있어서 언제나 유효하다.

이제 이와 같은 맥락에서 히브리서 7:19에서 율법과 관련하여 온전하다(τελειοῦν)가 무엇을 의미하는지 알 수 있다. 이것은 문맥상 그 의미가 결정된다. 그것은 목표(Ziel, τέλος)에 도달한다는 의미이다. 이것은 바로 뒤에 이어지는 '하나님께 가까이 간다'(ἐγγίζειν τῷ θεῷ, 히 7:19)와 동일한 의미이다. 그러므로 이 구절이 의미하는 바는 이렇다:

"레위 지파의 제사장 직분 또는 이 제사장 직분을 구성하는 율법은 도달했어야 할 목표(Ziel, τέλος), 다시 말하자면 하나님께 가까이 가는 것(ἐγγίζειν τῷ θεῷ, 19절)에 도달하지 못하였다"(Weiss, *Hebräer*, 395).

조금 더 정확하게 말하자면 구약의 율법은 시작이지 종국이 아니다. 그러므로 구약의 율법은 아무 것도 종국에 도달하게 하지 않는다. 이렇게 볼 때 율법의 계명이 연약하고 유익이 없다는 것(히 7:18)은 모든 점에서 그런 것이 아니라 단지 종국에 도달하게 하지 않는다는 점에서 그런 것이다. 법은 구약의 육체적인 법에서 그리스도의 생명적인 법으로 이동해야 한다(히 7:16; 참조. 롬 8:2; 갈 6:2).

(3) 계명의 퇴장(ἀθέτησις)

히브리서 7:18f.를 조금 더 세밀하게 살펴보면, 율법의 이동이 더욱 극적으로 묘사되는 것을 발견할 수 있다. 이 단락의 내용을 이해하기 위해서는 구문을 정확하게 분해해야 한다. 히브리서 7:18f.는 대조문장(μέν - δέ)을 담고 있다:

"18. 이전에 온 계명의 퇴장(ἀθέτησις)이 그 연약함과 무익함으로 생기고, 19a. 율법은 아무 것도 종국에 이르게($\tau\epsilon\lambda\epsilon\iota o\tilde{\upsilon}\nu$) 못하였지만,
19b. 더 좋은 소망의 등장($\dot{\epsilon}\pi\epsilon\iota\sigma\alpha\gamma\omega\gamma\dot{\eta}$)이 생기니 그것으로 우리가
하나님께 가까이 간다($\dot{\epsilon}\gamma\gamma\iota\zeta\epsilon\iota\nu$)".

이것을 요점적으로 정리하면 다음과 같다.

18~19a	19b
(18)	(19ba)
$\dot{\alpha}\theta\dot{\epsilon}\tau\eta\sigma\iota\varsigma\ \mu\dot{\epsilon}\nu\ \gamma\dot{\iota}\nu\epsilon\tau\alpha\iota\ \dot{\epsilon}\nu\tau o\lambda\tilde{\eta}\varsigma$ ⟷	$\dot{\epsilon}\pi\epsilon\iota\sigma\alpha\gamma\omega\gamma\dot{\eta}\ \delta\dot{\epsilon}\ \dot{\epsilon}\lambda\pi\dot{\iota}\delta o\varsigma\ (\gamma\dot{\iota}\nu\epsilon\tau\alpha\iota)$
계명의 퇴장이 발생하다	소망의 등장이 (발생하다)
(19a)	(19bb)
$o\dot{\upsilon}\delta\dot{\epsilon}\nu\ \gamma\dot{\alpha}\rho\ \dot{\epsilon}\tau\epsilon\lambda\epsilon\dot{\iota}\omega\sigma\epsilon\nu\ \dot{o}\ \nu\dot{o}\mu o\varsigma$ ⟷	$\delta\iota'\ \tilde{\eta}\varsigma\ \dot{\epsilon}\gamma\gamma\iota\zeta o\mu\epsilon\nu\ \tau\tilde{\omega}\ \theta\epsilon\tilde{\omega}$
율법은 아무것도 종국에 이르게 못한다	그것으로 우리가 하나님께 가까이 간다

여기에서 '계명의 퇴장이 생기다'(히 7:18)와 '소망의 등장이(생기다)'(히 7:19ba)가 대조되며, '율법은 아무 것도 종국에 이르게 못한다'(히 7:19a)와 '그것으로 우리가 하나님께 가까이 간다'(히 7:19bb)가 대조된다.

이것은 마치 연극의 배우들의 동작과도 같은 설명들이다. 등장($\dot{\epsilon}\pi\epsilon\iota\sigma\alpha\gamma\omega\gamma\dot{\eta}$)이 한 연극배우의 들어오게 하는 것을 가리킨다면, 퇴장($\dot{\alpha}\theta\dot{\epsilon}\tau\eta\sigma\iota\varsigma$)은 다른 연극배우의 물러나게 하는 것을 가리킨다. 계명은 (율법이 아무 것도 종국에 도달하게 하지 않는다는 점에서) 연약하고 무익하므

로 물러나고, 하나님께 나아가는 더 좋은 소망이 등장한다(이것이 더 좋은 소망인 이유는 종국 = 하나님께 나아가게 하기 때문이다). 이것이 율법의 이동이다.

	계명(히 7:18~19a)	소망(히 7:19b)
동작	퇴장	등장
성격	연약하고 무익한 것	더 좋은 것
이유	율법은 종국으로 나아가게 아니함	하나님(= 종국)께 나아가게 함

3. 구약인물

히브리서는 구약의 인물들을 구속사의 연속선상에 위치하고 있는 것으로 묘사한다.

1) 모세와 예수 그리스도

무엇보다도 이 사실은 모세와 예수님을 비교할 때 분명하게 드러난다(히 3:1~6). 대체적으로 학자들은 이 단락에서 모세와 예수님 사이의 상응보다는 대조를 보려는 경향이 짙지만(cf. Lindars, *Hebrews*, 47~50), 모세와 예수님의 역할을 면밀하게 살펴보면 두 인물의 연속성이 확연하게 보인다. 이 단락을 도식화하면 다음과 같다.

```
                      하나님
        충성(πιστός, 2) ↗        ↖ 충성(πιστός, 5)
            예수님 =  '같다' (ὡς)  = 모세
            아들(6)        (2)      사환(5)
         집 위에서(6)            집 안에서(2,5)
```

Goppelt가 잘 지적했듯이(*Typos*, 206ff.), 히브리서는 구약 백성을 들어 신약 교회에 불신앙(ἀπιστία)을 경고하기 위하여 모세와 예수님의 신실함(πιστός)을 제시하고 있다. 무엇보다도 히브리서는 예수님을 '자비하고(ἐλεήμων) 신실한(πιστός) 대제사장'이라고 전제한다(히 2:17). 이에 대하여 히브리서는 먼저 예수님께서 신실하다(πιστός)는 것을 설명하고(히 3:1~4:13), 후에 자비하다는 것을 말한다(히 4:14 이하).

히브리서는 예수님께서 신실하다는 것을 설명하기 위하여 모세의 신실함과 비교한다(히 3:1~6). 예수님께서 신실한 것은 모세가 신실한 것과 동일하다('같다' ὡς, 히 3:2). 그래서 어떤 이들이 생각하듯이, 이 단락의 주제를 예수님의 신실함이 모세의 신실함보다 뛰어나다는 것으로 생각하는 것은 잘못이다. Isaacs은 이에 더하여 적절하게 비판하고 있으며(*Sacred Space*, 34f.), Goppelt도 같은 입장을 취한다(*Typos*, 206).

모세는 종으로서 집안에서 부속된 자의 위치에서 신실하였고, 예수님은 아들로서 집 위에서 다스리는 자의 위치에서 신실하였다. 모세와 예수님 사이에 신분적인 차이(히 3:3, 5f.)에도 불구하고 그 역할은 동일하다. 여기에서 주의해야 할 것은 모세와 예수님이 다같이 하나님의 집에 관계하고 있다는 사실이다(히 3:2, 5, 6). 가장 중요한 것은 모세와 예수님이 모두 하나님께 신실하였다는 사실이다(히 3:2). 히브리서는 모세와 예수님의 동일한 역할을 설명함으로써 연속성을 강조하고 있다.

단지 문제는 하나님의 아들이신 예수님과 하나님의 종인 모세의 신실함(πιστός)에 비하여 하나님의 집인 우리(히 3:6)가 불신한다는 것이다(신자의 불신 히 3:7~19; ἀπιστία 히 3:12, 19). 그러므로 이 단락은 모세에 대한 예수님의 우월성을 말하려는 것이 아니라, 구약 교회와 신약 교회가 다같이 직면한 동일한 불신(ἀπιστία)의 문제를 해결하기 위하여 모세와 예수님에게서 발견되는 신실함(πιστός)의 동일성을 말하고 있는 것이다. Goppelt가 말한 것처럼, "권면을 위하여 모형론적인 상응이 전면에 배치된다"(Typos, 207).

2) 신앙열전과 예수 그리스도

히브리서 11장은 구약의 신앙열전이다. Schrenk는 히브리서 11장과 관련하여 다음과 같이 구속사의 연속성을 주장한다:

> "구약과 신약의 구속사는 전체 계시의 연속성 속에서 통합되어 있다. 구약은 신약을 연결과 계속으로서 요구한다"(Käsemann, People, 63f.에서 재인용).

Schlatter가 정확하게 설명했던 것처럼, 사실상 "히브리서가 이스라엘의 역사를 가지고 보여주려고 하는 것은 신앙의 운동력 있는 힘이

얼마나 풍성한가 하는 것이다"(*Glaube*, 533). 따라서 히브리서는 분명
히 구약 인물들 가운데 신앙적 연속을 말하고 있다.

여기에서 더욱 중요한 것은 구약의 신앙열전은 신약교회와 연속선상
에 있다는 것이다. Goppelt가 설명한 것처럼, 히브리서에는 구약의
구원약속에 관한 승화가 나타나는데, 소망과 관련하여 볼 때 구약의
소망자들은 신약교회와 다를 바가 없다(*Typos*, 208).

　가장 중요한 것은 히브리서가 구약인물들의 정점을 예수 그리스도
라고 소개하고 있다는 사실이다. 비록 구약에 수많은 신앙의 인물들
이 있지만 오직 예수 그리스도만이 신앙의 시작자(ἀρχηγός)이며 종결
자(τελειωτής)이다(히 12:2). 이미 위에서 살펴본 바와 같이 예수 그리
스도는 신앙의 시작자이며 종결자로서 모든 역사를 포괄하시는 분이
다. 여기에서 Schlatter의 말에 주의를 기울일 필요가 있다:

"구약의 신앙보존을 전체적으로 조망하는 이 같은 역사적 고찰을 마
치면서 우리는 개별적인 신앙인의 영혼에 대한 예수님의 활동, 다시
말하자면 그가 이 영혼에 신앙을 불러일으키고 목표와 종점으로 이
끌어간다는 것을 생각해야 할 뿐 아니라, 이 두 개념 '시작자이며 종
결자'를 우선 세계의 역사의 흐름 속에서 신앙에 대한 예수님의 관계
로 규정해야 한다. 다시 말하자면 이 두 개념은 뒤쪽으로는 구약 시
대를 바라보며, 앞쪽으로는 기독교의 위치를 바라본다"(*Glaube*, 535).

III. 결론

내용적으로 볼 때 히브리서는 구약에 대한 모형론적인 관찰의 가장 풍성한 전개를 보여주고 있다. 그런데 여기에서 간과해서는 안 될 사실은 히브리서에서 옛 언약과 새 언약, 모세와 그리스도, 율법과 복음 사이의 모형론적인 관계는 반립적인(antithetisches) 인상보다는 비교적인(komparatives) 인상을 띄고 있다는 것이다(Goppelt, *Typos*, 212). 히브리서에서 무엇보다도 이러한 비교적인 인상은 옛 언약과 새 언약, 모세와 그리스도, 율법과 복음의 연속성과 일치성에서 가장 분명하게 증명된다. 이 때문에 히브리서가 구약에 대하여 우선적으로 가지는 견해는 연속성이다. 처음부터 끝까지, 옛 언약에서 새 언약까지 모든 것이 연속되며 동일하다.

구약에 대하여 히브리서가 가지는 견해는 분명하다. 히브리서에서 옛 언약과 새 언약 사이에 얼마나 많은 상이성이 발견되든지 간에 반드시 연속성에 기초하여 설명되어야 한다. 이때 구약에 대한 히브리서의 견해를 설명할 때 발생하는 모든 혼돈이 사라지게 된다. 히브리서에서 옛 언약과 새 언약의 관계를 설명할 때 일치에 근거한 차이를 말할 수 있을 뿐이다. 그러므로 히브리서에 의하면 옛 언약 속에 새 언약이 들어있다.

옛 언약 속에 들어있는 새 언약이야말로 하나님께서 계획하신 구속사의 통일성인 것이다. '살아있는'(히 4:12) 말씀을 주시는 하나님과 '어제나 오늘이나 영원토록 동일하신'(히 13:8) 예수 그리스도와 '영원하신'(히 9:14) 성령님에게는 어떤 변화도 없고 어떤 변경도 없다. 그러므로 옛 언약에서 주어진 것과 새 언약에서 주어진 것에는 본질과 실체에 있어서 아무런 차이가 없는 하나일 뿐이다. 모든 변화와 타락은 피조물에게서 일어난다. 변화와 타락에 익숙한 피조물인 인간은 하나님의 은혜에서 계속해서 멀어진다.

그러므로 하나님께서는 예수 그리스도를 통하여 가장 놀라운 방식으로 인간에게 적응하셨다. 옛 언약과 새 언약은 동일한 본질과 실체를 가지고 있지만, 대상과 시대에 따라 방식이 다르게 표현될 뿐인 것이다. 언약은 시대마다 다르게 집행되었지만 모든 시대에 온전한 사죄와 영원한 구원을 얻기에 충분하고 유효하다(Bullinger, *De testamento seu foedere Dei*). 이런 의미에 있어서 옛 언약은 새 언약의 다른 방식이며, 율법은 복음의 다른 형식이다. 영적으로 볼 때 율법은 복음과 동일하다. Calvin은 이 사실을 이미 오래 전에 명확하게 보여주었다:

> "모든 조상들의 언약은 본질과 실제에 있어서 우리의 것과 전혀 다르지 않다. 따라서 그것은 완전히 하나이며 동일한 것이다. 단지 집행이 다르다"(*Institutio*, 2,10,2).

제3장

히브리서의 기독론

제3장
히브리서의
기독론

히브리서는 여러 가지 측면에서 초대교회의 예배에 관하여 증거한다. 히브리서에 의하면 예배에서 신앙고백이 매우 중요한 역할을 한 것처럼 보인다. 이것은 히브리서가 신앙고백(믿는 도리, ὁμολογία)이라는 말을 세 번이나 사용한 것으로부터 쉽게 알 수 있다(히 3:1; 4:14; 10:23).

신앙고백은 구약성경에 의하여 확증되었다. 히브리서는 예수님에 대한 신앙고백을 진술하기 위하여 다양하게 구약성경을 인용한다. 이렇게 하여 히브리서는 수신자들에게 기독론적인 계시연속성을 확증해준다. 또한 신앙고백은 설교(교훈)로 해설되었다. 히브리서가 초대교회의 전형적인 설교라고 생각할 때 히브리서 그 자체가 신앙고백에 대한 해설이라고 간주할 수 있다. 더 나아가서 신앙고백은 찬송으로 발전된 것처럼 보인다(vgl. Hegermann, *Der Brief an die Hebräer*, 6). 찬송은 신자들이 하나님께 드리는 '찬미의 제사'로서 '그의 이름을 증거하는 입술의 열매'이기 때문이다(히 13:15). 따라서 히브리서에서 선포적(교육적) 신앙고백(히 4:14; 10:23)과 찬송적 신앙고백(히 3:1; 13:15)은 구별된다. 전자는 좁은 의미에서 신앙고백이며, 후자는 넓은 의미에서 신앙고백이다(Hegermann, *Der Brief an die Hebräer*, 7).

히브리서에서는 신앙고백이 특히 기독론적인 동의를 의미한다. 무엇보다도 신앙고백은 예수님의 이름에 대한 고백이다. 예수님의 이름은 '더욱 아름다운 이름'(διαφορώτερον ὄνομα, 히 1:4)으로서 특출한 것이다. 또한 신앙고백은 예수님의 행위에 관한 고백이다. 히브리서는 역사적 예수님의 생애, 활동, 교훈에 관해서 거의 정보를 제공하지 않는다. 히브리서는 고작해야 예수님께서 '육체로 계실 때'(ἐν ταῖς ἡμέραις τῆς σαρκὸς αὐτοῦ) 기도하신 것(히 5:7~9), 십자가를 참으신 것(히 12:2), 성문 밖에서 고난당하신 것(히 13:12)을 말할 정도이다.

히브리서에서 예수님의 행위에 관한 고백은 하나님의 아들, 대제사장(성소를 섬기는 자), 신앙의 시작자이며 종결자라는 사실로 요약된다. 히브리서가 이처럼 기독론에 근거한 신앙고백을 강조하는 이유는 수신자들이 한편으로는 고난의 후유증을 극복하고(히 10:32), 다른 한편으로는 배교의 위험성을 방지하도록(히 6:3~8; 10:26~31) 하기 위한 것으로 볼 수 있다.

I. 하나님의 아들

히브리서는 예수님을 가리켜 다섯 번 '아들'(υἱός)이라고 부른다(히 1:2, 8; 3:6; 5:8; 7:28). 이 명칭은 그 가운데 히브리서 1:8에서만 정관사를 가진다(ὁ υἱός). 또한 히브리서에서 예수님께서는 네 번 '하나님의 아들'(ὁ υἱὸς τοῦ θεοῦ)이라고 표현된다(히 4:14; 6:6; 7:3; 10:29). 이것은 모두 정관사를 가지고 있다.

히브리서는 예수님께서 하나님의 아들이라는 사실을 필요에 따라서 진술한다. 예수님은 성도로 이루어진 하나님의 집을 맡은 아들이 시다(히 3:6). 그는 아들이심에도 불구하고 고난을 통하여 순종을 배우셨다(히 5:8). 예수님은 하나님의 아들로서 영원하며 온전하신 분이시다(히 7:3, 28). 이에 비하여 히브리서는 초두에서 하나님의 아들에 관하여 집중적인 신학을 펼친다(히 1:1~4).

우선 히브리서 1:1~4가 어떤 구조로 이루어져 있는지 살펴보자. 이 것은 하나님의 아들에 대한 의미를 밝히는 데 매우 중요하다. 먼저 히브리서는 하나님께서 '아들로'(ἐν υἱῷ) 말씀하셨다고 화두를 꺼내놓고는(히 1:2a), 이 아들이 어떤 분인지 관계대명사를 세 번 사용하여 설명한다(ὅν 히 1:2b; δι' οὗ 히 1:2c; ὅς 히 1:3a). 그런데 마지막 관계대명사(ὅς 3a)에는 네 개의 분사(ὤν 히 1:3a; φέρων 히 1:3b; ποιησάμενος 히 1:3c; γενόμενος 히 1:4)와 한 개의 동사(ἐκάθισεν 히 1:3d)가 걸려있다. 이것을 도표화하면 다음과 같다.

2a) ἐλάλησεν ἡμῖν ἐν υἱῷ, 아들로 말씀하셨다
├ 2b) ὅν ἔθηκεν κληρονόμον πάντων, 그를 만유의 상속자로 세웠다
├ 2c) δι' οὗ καὶ ἐποίησεν τοὺς αἰῶνας 그로 말미암아 세계를 만드셨다
└ 3a) ὅς 그는…
　├　ὤν ἀπαύγασμα τῆς δόξης 영광의 광채… 이시며
　├ 3b) φέρων τε τὰ πάντα 만유를 붙드시며
　├ 3c) καθαρισμὸν τῶν ἁμαρτιῶν ποιησάμενος 죄의 정결을 이루셨고
　├ 3d) ἐκάθισεν ἐν δεξιᾷ τῆς μεγαλωσύνης 위엄의 우편에 앉으셨고
　└ 4) τοσούτῳ κρείττων γενόμενος τῶν ἀγγέλων 천사들보다 훨씬 뛰어나셨다

히브리서의 초두는 이런 구조 속에서 하나님의 아들이 어떤 분인지 네 가지 측면에서 설명한다: 하나님의 계시와의 관계(히 1:1~2a), 만물과의 관계(히 1:2b), 세상과의 관계(히 1:2c), 하나님과의 관계(히 1:3~4). 특히 마지막 단락인 하나님과의 관계에서 하나님 아들의 존재(히 1:3a)와 활동(히 1:3b), 그리고 사죄(비하)(히 1:3c)와 승귀(히 1:3d~4)가 다루어진다. 이 내용을 자세히 살펴보자.

1. 하나님의 계시와의 관계(히 1:1~2a)

히브리서는 가장 먼저 하나님의 아들이 하나님의 계시를 위한 도구라고 말한다. 하나님께서는 '아들로'(ἐν υἱῷ) 말씀하셨기 때문이다(히 1:2a). 이것은 선지자들이 하나님의 계시를 위한 도구였던 것과 마찬가지이다(히 1:1). 선지자들과 하나님의 아들은 다 같이 하나님의 말씀을 위한 도구가 된다는 점에서 연속성을 가진다. 어떤 점에서 보면 하나님이 아들로 말씀하신 것은 계시의 절정(종국)이라고 말할 수 있다. 그것은 '이 날들의 마지막에'(히 1:2a; 참조. 히 9:26) 속하는 사건이기 때문이다. 하나님의 계시는 하나님의 아들에게서 종결된다. 한 마디로 말하자면 하나님의 아들은 계시의 종결자이다.

2. 만물과의 관계(히 1:2b)

둘째로, 히브리서에 의하면 하나님의 아들은 만물(πάντα)의 상속자이다. 하나님은 '그를(ὅν) 만물의 상속자로 세우셨다'. 히브리서에서 상속자(κληρονόμος)라는 말은 이곳 외에 두 번 더 나온다. 하나님께서 성도를 약속의 상속자(κληρονόμοι τῆς ἐπαγγελίας)로 세우셨고(히

6:17), 노아는 의의 상속자(δικαιοσύνης κληρονόμος)가 되었다(히 11:7).

위의 두 경우에서 볼 때 후사라는 말은 항상 어떤 소유격과 함께 쓰이는 것을 알 수 있다. 이 소유격은 후사가 얻을 유업의 내용이 된다. 따라서 하나님의 아들이 만물의 후사라는 말은 그가 만물을 유업으로 받으신다는 것을 가리킨다. 하나님의 아들은 만물의 소유자이시다. 하나님께서 만물을 하나님의 아들 예수 그리스도께 이양하셨다. 그러므로 이제 하나님의 아들 예수 그리스도는 만물의 통치자이다.

히브리서 기자는 이 사실을 다음과 같이 시편 인용으로 입증한다. "만물을 그 발아래 복종하게 하셨다"(히 2:8 = 시 8:6[LXX 8:7]). 이 시편은 사도 바울에 의하여 두 번 인용되었다. 먼저 사도 바울은 부활을 설명하면서 이 시편을 인용하였다(고전 15:27). 사도 바울은 이 구절에서 복종케 하는 이와 만물 사이의 구별을 논증한다. 복종케 하는 하나님이 만물과 구별된다면 복종의 권한을 받은 하나님의 아들이 만물과 구별되는 것은 당연한 일이다. 또한 사도 바울은 교회에 관하여 말하면서 이 시편을 인용하였다(엡 1:22). 이때 예수 그리스도는 만물의 머리 개념으로 소개된다.

히브리서 기자는 사도 바울과 조금 다른 측면에서 이 시편을 이해하였다. 히브리서 기자가 예수 그리스도의 발아래 만물의 복종을 말하면서 "복종하지 않은 것이 하나도 없다"(히 2:8)고 말하는 것은 만물에 대한 그리스도의 섭리를 의미하는 것으로 볼 수 있다. 그리스도는 만물의 소유자로서 만물을 운행하신다(φέρων, 히 1:3). 이런 의미에서 하나님의 아들은 천사들보다 더욱 아름다운 이름을 기업으로 얻은 것이다(히 1:4).

3. 세상과의 관계(히 1:2c)

셋째로, 히브리서는 하나님의 아들과 세상(αἰών)의 관계를 설명한다. 하나님이 "그로 말미암아(δι' οὗ) 세상을 지으셨다". 무엇보다도 이 구절은 하나님의 아들의 선재사상을 보여준다. 더 나아가서 이 구절은 그리스도께서 창조의 중재자라는 사실을 확인한다(히 2:10 참조). 그리스도를 창조의 중재자로서 서술하는 '그로 말미암아'(δι' οὗ) 용법은 기독교 신앙의 뿌리 가운데 하나이다.

사도 바울이나 사도 요한도 역시 이 사상을 보유하고 있다(고전 8:6; 요 1:3). 때때로 이 사상은 약간 변형되어 나타나기도 한다: "만물이 그 안에서(ἐν αὐτῷ) 창조되었다"(골 1:16). 아마도 로마서 11장에서 33절의 하나님(θεός)과 달리 36절의 주(κύριος)를 예수 그리스도와 관련시킨다면 창조의 중재자이신 그리스도에 대한 사상은 절정에 달하는 것을 볼 수 있다: "이는 만물이 주에게서 나오고 주로 말미암고 주에게로 돌아감이라"(ἐξ αὐτοῦ καὶ δι' αὐτοῦ καὶ εἰς αὐτὸν τὰ πάντα).

그러나 만일에 히브리서 1:8의 서론('아들에 관하여는')을 따라 히브리서 1:10ff.를 아들에 관한 예언으로 이해하면, 하나님의 아들은 "창조의 중재자일 뿐 아니라 창조자이시다"(Schweizer, "Jesus Christus I", 693). 하나님의 아들이 창조의 중재자이신 조건과 역할은 다음 단락에서 설명된다.

4. 하나님과의 관계(히 1:3~4)

[전제와 해설적 인용]

'이다'(1:3aa)

영광의 광채(1:3ab)

본체의 형상(1:3ac)

보존(1:3b)

사죄(1:3c)

승귀(1:3d)

인용(1:5) 시편 2:7과 사무엘하 7:14

인용(1:6~7) 신명기 32:43과 시편 104:4

인용(1:8~9) 시편 45:6~7

인용(1:10~12)

인용(1:13) 시편 110:1

인용(2:7-8) 시편 8:4~6

마지막으로, 히브리서는 하나님의 아들이 하나님(θεός)과의 관계에서 가장 영광스러운 모습을 드러내는 것으로 진술한다. "그는(ὅς) … 이시며 … 붙드시며 … 이루셨고 … 앉으셨고 … 뛰어나셨다". 히브리서는 하나님의 아들이 하나님에 대하여 가지는 관계성을 해설하기 위하여 바로 뒤에서 몇 가지 구약성경을 인용한다.

1) 존재(히 1:3a)

가장 먼저 히브리서는 하나님의 아들이 하나님과의 관계에서 어떤 존재성을 가지고 있는지 제시한다.

(1) '이다'(ὤν)

히브리서는 하나님의 아들의 존재성을 설명하기 위하여 '이다'(ὤν)라는 말을 사용한다. 이것은 두 가지 내용의 초시간적인 효력(überzeitliche Geltung)을 의미한다.

첫째로, 이것은 하나님 아들의 시간성을 보여준다. 하나님의 아들은 영원한 아들이다(히 7:24, 25; 13:8). 히브리서 기자는 시편 102:25~27(LXX 101:26~28)을 인용하면서(히 1:10~12) 하나님 아들의 영원성을 분명하게 증명한다. "주는 영존할 것이요"(히 1:11), "주는 여전하여 연대가 다함이 없으리라"(히 1:12). 이에 비하여 천지는 옷이나 의복과 같이 낡아지고, 말리고, 변할 것이다(히 1:11~12).

둘째로, 이것은 하나님 아들의 신분성을 보여준다. 그는 하나님의 본질의 정확한 표현이다. 히브리서는 바로 이어 하나님 아들의 신분을 시편 2:7과 사무엘하 7:14를 인용하여 증거한다("네가 내 아들이라"[εἶ]; "그는 내게 아들이 되리라"[ἔσται], 히 1:5). 히브리서는 하나님의 아들이 하나님과 본질적으로 동일하다는 것을 설명하기 위해서 다음과 같이 영광의 광채와 본체의 형상이라는 말을 사용한다.

(2) 영광의 광채(ἀπαύγασμα τῆς δόξης)

히브리서는 하나님의 아들이 하나님에 대하여 가지는 본질적 일치 관계를 표현하기 위해서 먼저 '광채'(ἀπαύγασμα)라는 단어를 사용한다. 이 단어는 신약성경에서 단 한번 사용된 것으로서(hap. leg.) 직접적 비춤(Ausstrahlung)이나 간접적 반사(Reflex)를 나타낸다(Braun, *An die Hebräer*, 24). 이것은 가장 긴밀한 본질결합을 가리키며 원형에 비해 질이 떨어지는 사본을 의미하지 않는다(Braun, *An die Hebräer*, 24). 다시 말하자면 광원(光源)보다 못한 광채(光彩)를 뜻하지 않는다. 이 말은 아버지와 아들의 완전한 결합을 표현한다.

'영광'(δόξα)은 하나님을 대용하는 말이라기보다는 하나님의 본질적인 성격을 묘사하는 말이다. 따라서 아들은 '영광의 광채'로서 아버지의 본질과 그대로 일치한다. 아들은 아버지를 완벽하게 나타낸다. 아들은 아버지와 동일본질이다. 아마도 히브리서는 히브리서 1:6~7에서 이 내용을 신명기 32:43과 시편 104:4로 해설하는 듯이 보인다. 말하자면 하나님의 아들은 그 자신이 하나님이시기 때문에 천사들에게 경배를 받으며 천사들을 부린다는 것이다.

(3) 그의 본체의 형상(χαρακτὴρ τῆς ὑποστάσεως αὐτοῦ)

또한 히브리서는 '성품'(χαρακτήρ)이라는 단어를 사용하여 하나님의 아들이 하나님에 대하여 어떤 관계를 가지는지 보여준다. 성품은 그 것을 소유하고 있는 이와 일치한다. 성품과 그 소유자 사이에 구별이나 차이가 있을 수 없다. 동질이다. 소유자보다 못한 성품을 생각해 볼 수 없다.

또한 '본질'(ὑπόστασις)은 성품으로 표현된다. 그래서 '본체의 형상'
이라는 말은 본질과 성품의 상응적 결합을 가리킨다. 이렇게 볼 때
하나님의 아들은 하나님의 본질을 표현하는 성품이다. 그래서 하나
님의 아들은 하나님과 일치하며 결합한다. 히브리서 기자는 이 사실
을 히브리서 1:8~9에서 시편 45:6~7로 해설하는 듯이 보인다. 하나
님의 아들은 하나님이시기 때문에 동료들(μέτοχοι)보다 뛰어나다는
것이다.

2) 활동(히 1:3b)

이제 히브리서는 하나님의 아들이 어떤 활동을 하는지 보여줌으로써
하나님과의 관계를 설명한다. 창조의 중재자이며 신적 영원한 아들
이 '만물을 붙드신다(φέρων)'. 하나님의 아들은 만물의 보호자이며 섭
리자이다. 그가 만물을 운행시킨다. 예수 그리스도는 만물의 운행을
주장한다. 만물의 진행은 그에게 의존한다(골 1:17 참조: τὰ πάντα ἐν
αὐτῷ συνέστηκεν).

그런데 만물운행의 도구는 말씀이다. '그의 능력의 말씀으로'. 세상은
하나님의 말씀으로 창조되었다(히 11:3). 마찬가지로 만물은 그리스도
의 말씀으로 보존된다. 만물창조에서 말씀이 도구로 사용되었던 것
처럼 만물보존에서도 말씀이 도구로 사용된다는 것이다. 말씀은 창
조와 섭리를 위한 공통적인 도구이다. 만물보존은 그리스도의 주관
인데, 여기에 그리스도의 말씀이 도구로 사용된다.
    말씀으로 만물을 운행한다는 것은 그리스도의 능력의 최대한을 보

여준다. 그리스도는 무력으로 만물을 운행하는 것이 아니다. 말씀으로 만물을 운행함으로써 그리스도는 가장 큰 능력을 발휘한다. 창조에서 하나님께서 빛이 있으라고 말씀하신 것처럼 섭리에서 그리스도는 만물이 움직이라고 말씀하신다. 만물의 운행은 그리스도의 말씀의 권위 아래 놓여있다(참조. 마 5:18; 24:35).

3) 사죄(히 1:3c)

히브리서는 하나님의 아들이 활동 가운데 한 가지를 단적으로 언급한다. 그것은 사죄이다. '죄의 정결을 이루셨고'(καθαρισμὸν τῶν ἁμαρτιῶν ποιησάμενος). 사죄는 하나님 아들의 성육신을 전제로 한다. 그래서 히브리서는 비록 자주는 아니지만 여러 가지 방면으로 하나님 아들의 성육신에 관해서 말한다. 그는 우리와 한 모양으로 혈육에 함께 속하셨고(히 2:14), 범사에 형제들과 같이 되심이 마땅했다(히 2:17). 그는 성육신 동안 말씀하셨다(히 1:2; 2:3). 그는 육체로 계시는 동안 시험을 당하시되(히 2:18) 모든 일에 한결같이 시험을 받으셨고(히 4:15) 고난을 당하셨다(히 5:7~10). 그는 십자가를 지셨고(히 12:2) 결국 죽음을 당하셨다(히 2:14).

하나님의 아들은 성육신하여 죄를 정결하게 하는 일을 이루셨다. 하나님 아들의 성육신은 죄를 정결하게 하는 것을 목적한다. 사죄는 성육신에서 절정적인 사역이다. 하나님의 아들은 사죄를 이루기 위하여 단번에 자기를 드리셨다(히 7:27; 9:26). 그러므로 히브리서는 이렇게 단언한다. "피 흘림이 없은즉 사함이 없느니라"(히 9:22).

4) 승귀(히 1:3d~4)

히브리서에 의하면 하나님의 아들과 하나님의 관계는 승귀에서 분명하게 드러난다. 하나님 아들의 승귀는 질적으로, 공간적으로, 신분적으로 성취된다.

(1) 질적 승귀(히 1:3d)

첫째로, 하나님의 아들은 "높은 곳에서 위엄의 우편에 앉으셨다"(히 1:3d). 히브리서는 두 번 유사한 단어(높은 곳, 위엄의 우편)를 사용함으로써 하나님 아들의 승귀를 강조한다. 승귀는 우선 질적으로 설명된다. 하나님 아들의 승귀는 그가 '위엄의 우편'에 앉으신 것이다. 위엄은 하나님의 대용어라기보다는 하나님의 성품을 묘사하는 단어이다. 하나님의 아들은 하나님의 위엄이라는 성품을 가지신다. 그러므로 히브리서는 하나님의 아들이 '위엄의 우편에' 앉으셨다고 말함으로써 하나님의 성품에 완벽하게 참여하는 승귀자임을 나타내는 것이다(히 8:1; 12:2). 이것은 히브리서 1:13에서 시편 110:1로 해설된다('나의 우편').

(2) 공간적 승귀(히 1:3d)

또한 하나님 아들의 승귀는 공간적으로 설명된다. '높은 곳에서'. 이로써 히브리서는 그리스도가 더 이상 지상적 존재가 아님을 설명한다. 그리스도는 인간이 침범할 수 없는 위치에 계시다. 하나님 아들의 위치는 인간의 위치와 완전하게 구별되는 승귀자임을 나타내는 것이다. "이러한 대제사장은 우리에게 합당하니 거룩하고 악이 없고 더러움이 없고 죄인에게서 떠나 계시고 하늘보다 높이 되신 이라"(히 7:26). '앉으셨다'는 하나님 아들의 승귀가 불변적인 것임을 보여준다(골 3:1 참조). 하나님 아들의 승귀는 확고한 것이며 확정적인 것이다.

(3) 신분적 승귀(히 1:4)

셋째로, 히브리서에 의하면 하나님 아들의 승귀는 신분적인 승귀이다. "천사들보다 훨씬 뛰어나셨다"(히 1:4). 하나님 아들의 승귀는 이제 신분적으로 설명된다. 그리스도의 신분은 천사들의 신분과 비교할 수가 없다. 그리스도께서 "천사들보다 뛰어나다"는 것은 그들보다 더 아름다운 이름을 기업으로 받았다는 것으로 설명된다. "그들보다 더욱 아름다운 이름을 기업으로 얻을 만큼"(ὅσῳ διαφορώτερον παρ' αὐτοὺς κεκληρονόμηκεν ὄνομα). 그리스도는 '아들'의 이름을 받았다. 천사들은 '섬김을 위하여 봉사하는 영들'(히 1:14)이지만, 그리스도는 아들이며(히 1:5), 집 맡은 아들이며(히 3:6), 주인이다(히 1:10; 2:3). 그리스도는 승귀한 아들이며 초월적인 아들이다. 특히 히브리서는 그리스도께서 천사들보다 뛰어난 이유를 다음과 같이 설명한다.

첫째로, 하나님과의 관계에서 볼 때 하나님의 아들은 천사들보다 뛰어나다. 하나님께서 그를 낳으셨고(히 1:5; 시 2:7), 하나님이 그의 아버지가 되셨으며(히 1:5; 삼하 7:14), 하나님이 그에게 기름을 부어 동료보다 승하게 하셨고(히 1:8~9; 시 45:6~7), 원수를 이길 때까지 하나님 우편에 앉히셨다(히 1:13; 시 110:1).

둘째로, 천사와의 관계에서 볼 때 하나님의 아들은 뛰어나다. 하나님의 아들이 재림할 때 모든 천사가 그에게 경배할 것이며(히 1:6; 신 32:43), 그는 천사들을 수종자로 삼으실 것이다(히 1:7; 시 104:4).

셋째로, 만물과의 관계에서 하나님의 아들은 천사들보다 뛰어나다. 하나님의 아들은 만물의 창조자이시며(히 1:10~12; 시 102:25~27), 만물에게 복종을 받으시는 주권자이시다(히 2:5~9; 시 8:4~6).

요약하자면 승귀는 하나님의 아들이 하나님과 동등자이며, 만물의 창조자와 보호자이며, 인간의 구속주와 화해자라는 것을 증명한다.

II. 대제사장

히브리서는 예수 그리스도께서 대제사장이라는 사실을 히브리서 2:17에서부터 언급하기 시작하여 줄곧 그 사실을 강조한다. 그러면 예수님께서 대제사장이란 것은 어떤 의미를 가지는가?

1. 공감자(히 2:17~18)

히브리서는 예수 그리스도께서 대제사장이라고 말할 때 가장 먼저 자비와 충성을 가진 분으로 생각한다. 예수 그리스도는 '자비하고 신실한 대제사장'($\dot{\epsilon}\lambda\epsilon\dot{\eta}\mu\omega\nu \cdots \varkappa\alpha\dot{\iota} \pi\iota\sigma\tau\dot{o}\varsigma \ \dot{\alpha}\rho\chi\iota\epsilon\rho\epsilon\dot{\upsilon}\varsigma$ 히 2:17)이시다. 그가 자비하고 신실한 배경에는 '범사에 형제들과 같이 되심'($\dot{o}\mu o\iota\omega\theta\tilde{\eta}\nu\alpha\iota$)이

있다. 만일 예수 그리스도께서 형제들과 같이 되지 아니 하셨다면 자비도 충성도 없었을 것이다. 다시 말하자면 성육신은 예수 그리스도의 자비와 충성에 조건이 된다.

그런데 예수 그리스도는 자비하고 신실한 대제사장이 되심으로써 하나님의 일을 이루셨다. 하나님의 일이란 백성의 죄를 구속하는 것이다. 구속은 예수 그리스도의 자비와 신실함의 결과이다. 그러면 예수 그리스도께서는 자비와 신실함을 어떻게 실현하셨는가? 그는 자기가 고난을 받고 시험을 당하셨다(히 2:18). 예수 그리스도의 자비와 신실함의 표현은 고난과 시험이다. 이렇게 하여 예수 그리스도는 시험 받는 자들을 능히 도우실 수가 있게 되었다. 자비하고 신실한 대제사장이신 예수 그리스도는 우리 연약함을 공감하시는(συμπαθεῖν) 분이다(히 4:15).

2. 믿는 도리의 대제사장(히 3:1)

예수 그리스도는 신앙고백의 사도이며 대제사장이다. 이것은 어떤 의미에서 그가 신앙고백을 받을만한 사도와 대제사장이라는 뜻이다 (gen. obj.). 그러나 조금 더 정확하게 말하자면 이것은 예수 그리스도께서 믿는 도리를 전파하신 분(사도)이며, 희생적으로 실현하시는 분(대제사장)임을 알려준다(gen. subj.). 신앙고백은 사도이신 그리스도에게서 시작되었고, 대제사장이신 그리스도에 의하여 실현되었다는 것이다.

3. 자기를 드린 대제사장(히 5-7장)

예수 대제사장은 구약 대제사장과 비교할 때 그 영광이 찬란하게 빛난다. 히브리서는 예수 대제사장의 찬란한 영광을 보여주기 위하여 구약 대제사장과 여러 가지 면에서 차이가 나는 것을 설명한다.

1) 유래(히 7:14)

첫째로, 히브리서는 구약 대제사장과 예수 대제사장의 유래를 비교한다. 구약 제사장은 레위 지파인 아론에게서 유래하였다(히 5:4; 7:11). 물론 대제사장이 되는 존귀는 아무나 스스로 취하지 못하고 하나님의 부르심을 받은 자라야 한다(히 5:4). 예수 대제사장도 하나님의 말씀으로 되었다(히 5:5). 그러나 예수 제사장은 레위 지파 출신이 아니다. "우리 주께서는 유다로부터 나신 것이 분명하도다"(히 7:14). 히브리서는 예수 대제사장이 레위 지파가 아니라 유다 지파에서 출신했다는 사실이 멜기세덱 대제사장의 계열을 따를 수 있는 가능성을 확보해준다고 믿는다(히 5:6, 10; 6:20; 7:17).

2) 역할(히 7: 12, 27; 10:10)

둘째로, 구약 대제사장은 "먼저 자기 죄를 위하여, 다음에 백성의 죄를 위하여 날마다 제사한다"(히 5:1~4; 7:27). 그러나 예수 대제사장은 단번에 자기를 드려 제사를 이루셨다(히 7:27; 10:10). 구약 대제사장은 짐승의 피로 제사를 드린 것이며(히 9:7, 12), 예수 그리스도는 자기의 피로 제사를 드린 것이다(히 7:12). 히브리서는 이것을 가리켜 예수님께서 성령님으로 말미암아 흠 없이 자기를 드리셨다고 설명한다(히 9:14). "영원하신 성령으로 말미암아 흠 없이 자기를 하나님께 드린 그리스도"(히 9:14a). 예수 그리스도께서 피로써 영원한 속죄를 이루는 일은 성령님을 통하여 된 것이다.

여기에 성령님에 관한 몇 가지 가르침이 나온다(참조. Bieder, "pneumato-logische Aspekte").

무엇보다도 성령님은 '영원하신"($αἰώνιος$) 분이다. 그리스도의 속죄가 '영원한'($αἰώνιος$, 히 9:12) 속죄인 까닭은 '영원하신' 성령님을 통하여 이루어졌기 때문이다. 성령님의 영원성은 성령님으로 말미암아 실현되는 그리스도의 영원한 속죄를 위한 전제이다.

또한 성령님은 그리스도의 속죄사역을 가능하게 한다. 성령님을 '통하여'($διά$)만 그리스도는 자신을 화목제물로 하나님께 드릴 수가 있다. 성령님을 통하지 않고는 그리스도는 자신을 하나님께 드리지 않는다. 성령님은 그리스도께서 하나님께로 나아가는 통로이다. 다시 말하자면 그리스도와 하나님의 연결은 성령님을 통하여만 가능하다. 이런 의미에서 성령님은 그리스도와 하나님을 연결하는 끈이다.

마지막으로, 그리스도의 속죄사역은 성령님을 통하여 이루어질 때 '흠 없이'($ἄμωνον$) 실현된다. 성령님의 활동으로 말미암아 그리스도의 속죄사역은 완전한 사역이 된다. 그리스도의 속죄사역에는 성령님의 보호가 있다. 성령님께서 그리스도의 속죄를 보호하심으로써 부족함이 없이 충분하게(sufficienter) 만든다. 성령님께서 그리스도의 속죄를 보호하심으로써 실패함이 없이 효과있게(efficaciter) 만든다.

3) 표준(히 7:28)

셋째로, 대제사장이 되는 표준에 있어서 예수 대제사장은 구약 대제사장과 차이가 난다. 구약 대제사장은 율법(νόμος)을 따라 대제사장이 되었지만, 예수 대제사장은 율법 후에 하신 맹세(ὀρκωμοσία)의 말씀을 따라 대제사장이 되셨다(히 7:28). 구약 대제사장은 맹세 없이 되었으나 예수 대제사장은 맹세 없이 된 것이 아니다(히 7:20~21). 여기에서 맹세란 하나님의 말씀을 가리킨다. 예수님은 자기에게 말씀하신 자로 말미암아 맹세로 대제사장이 되셨다(히 7:21). 하나님께서 "네가 영원히 제사장이라"(시 110:4)고 말씀하신 것은 후회가 없는 맹세였다는 것이다(히 7:21).

구약 대제사장이 율법을 따라 대제사장이 된 까닭은 그들이 연약하기 때문이다(히 7:28). 율법은 구약 대제사장을 약점으로부터 보호한다. 만일에 율법이 없다면 구약 대제사장은 연약함으로 말미암아 그 직분을 충실하게 감당할 수 없을 것이다. 그래서 율법은 구약 대제사장에게 반드시 필요하다.

그러나 예수 그리스도는 영원히 온전케 되신 하나님의 아들이다(히 7:28). 따라서 그에게는 그를 연약함으로부터 보호할 율법이 필요하지 않다. 이 때문에 하나님께서는 예수 그리스도를 대제사장으로 세우는 일에 있어서 율법 대신에 맹세를 사용하셨다(히 7:28).

율법이 구약 대제사장의 부족함을 고려하는 것이라면, 맹세는 예수 대제사장의 충분함을 인정하는 것이다. 이런 의미에서 맹세(ὅρκος)

는 최종적인 확정이다(히 6:16). 맹세는 더 이상 논쟁의 여지를 남겨 두지 않는 것이다. 하나님의 맹세는 예수 그리스도를 대제사장으로 세우는 일에 있어서 그 뜻이 변치 아니함을 충분히 나타내는 보증이다(히 6:17).

4) 수효(히 7:24, 27)

넷째로, 히브리서는 구약 대제사장과 제물의 수효는 많지만 예수 대제사장과 제물의 수효는 하나라고 말한다. 히브리서는 그 이유를 다음과 같이 설명한다.

구약 대제사장은 수효가 많다. 왜냐하면 '죽음을 인하여 항상 있지 못함'(히 7:23) 때문이다. 그러나 "예수는 영원히 계시므로 그 제사장 직분도 갈리지 않는다"(히 7:24). 따라서 예수 대제사장은 한 분이면 충분하다. 그는 영원한 대제사장이시다(히 5:6; 6:20; 7:17, 21).

또한 구약 제사장들은 매일같이 반복적으로 제사를 드리며(히 10:11), 구약 대제사장은 매년 다른 제물을 가지고 성소에 들어간다(히 7:27; 9:7, 25). 그러나 예수 대제사장은 자기를 단번에 드려 제사를 이루셨다(히 7:27; 9:26~27). 그는 "오직 자기의 피로 영원한 속죄를 이루사 단번에 성소에 들어가셨다"(히 9:12). 따라서 이것은 영원한 제사이다(히 10:12).

5) 효과(히 5:9; 9:12)

마지막으로, 히브리서는 구약 대제사장과 예수 대제사장의 효력을 비교한다. 구약 대제사장과 예수 대제사장은 다같이 피로 제사로 드린다. 피 흘림이 없으면 사함도 없기 때문이다(히 9:22). 구약 대제사장은 피의 제사를 드리기 위하여 짐승의 피를 사용한다(히 9:12 passim). 첫 언약에서 짐승의 피를 사용하는 구약 대제사장의 제사는 반복해서 범죄하는 대제사장 자신과 백성을 위하여 일시적인 효과를 줄뿐이다(히 7:27, "날마다" καθ' ἡμέραν). 이것은 단지 죄를 생각하게는 하지만 죄를 없이 하지는 못한다(히 10:3~4, 11).

이에 비하여 예수 대제사장은 자신의 피로 제사를 드린다(히 9:12 passim). 새 언약의 중보자이신 예수 대제사장의 피는 첫 언약 때에 범죄한 죄를 전체적으로 속죄하는 "영원한"(εἰς τὸ διηνεχές) 제사이다(히 9:15; 10:12). 예수 대제사장의 피는 영원한 구속과 속죄를 이룬다(히 5:9; 9:12). 이것은 양심을 죽은 행실에서 깨끗하게 하고 살아 계신 하나님을 섬기게 한다(히 9:14; 10:10). 예수 대제사장의 피는 사람들을 영원히 온전하게 만든다(히 10:14). 그래서 새 언약에 들어온 신자들은 영원한 기업의 약속을 얻는다(히 9:15).

4. 멜기세덱 대제사장(히 5:5 ~ 10; 6:20; 7:1 ~ 28)

히브리서는 예수 대제사장 신학을 확정하기 위하여 멜기세덱 대제사장 이론을 전개한다. 이것은 새로운 기독론이다. 예수님께서 멜기세덱과 같은 제사장이라는 개념은 신약성경 어디에서도 찾아볼 수 없는 것이다.

1) 히브리서 5:5~10(시 110:4 인용)

먼저 히브리서는 예수님께서 대제사장 되심은 구약 대제사장과 마찬가지로 스스로 얻은 영광이 아니라 하나님의 말씀으로 이루어진 것임을 언급한다(히 5:5). 하나님의 말씀 가운데는 멜기세덱의 반차를 따르는 제사장에 대하여 예언하는 시편 110:4가 있다. 그래서 히브리서는 이 구절을 인용한다. 시편 110:4는 이 외에도 히브리서에서 두 번 더 인용되고(히 7:17, 21), 여러 차례 암시된다(히 5:6, 10; 6:20; 7:1, 10, 11, 15, 17). 히브리서가 시편 110:4를 강조하는 이유는 대제사장 기독론을 위한 성경적 기반을 제공하기 위함이다. 어쨌든 이 단락에서 중요한 것은 예수 그리스도께서 멜기세덱의 반차를 따르는 대제사장이 된 근거가 하나님의 부르심이라는 사실이다(히 5:10).

2) 히브리서 6:20; 7:1~28(시 110:4 해설)

히브리서는 멜기세덱 대제사장 기독론을 상론하기에 앞서 요점을 정리해주고 있다. 예수님께서 "멜기세덱의 반차를 따라 영원히 대제사장이 되셨다"는 것이다(히 6:20). 히브리서는 이 말에서 중요한 단어들을 미드라쉬 방식으로 하나씩 해설한다: 멜기세덱, 멜기세덱의 반차, 영원한 제사장.

(1) 멜기세덱(히 7:1~10)

첫째로 히브리서는 멜기세덱이 어떤 인물인지 설명한다. 멜기세덱은 뛰어난 인물이다. 그래서 히브리서는 "이 사람이 얼마나 높은가를 생각해보라"(히 7:4)고 권면하면서 멜기세덱에 대한 서론적인 설명을 제시한다. 이것은 결국 예수 그리스도께서 얼마나 뛰어나신 분인지를 보여주려는 목적을 가진다. 그는 하늘보다 높이 되신 분이다(히 7:26; 참조. 히 1:4, 9).

① 본질적인 뛰어남(히 7:1-3)

먼저 히브리서에 의하면 멜기세덱의 뛰어남은 본질적인 면에서 표현된다(히 7:1~3).

첫째로, 멜기세덱은 살렘 왕이다(히 7:1). 히브리서는 어의학적인 차원에서 멜기세덱의 본질을 해설한다('그 이름을 번역하면', 히 7:2). 그는 멜기세덱이기에 의의 왕이며, 살렘 왕이기에 평강의 왕이다. 이것은 멜기세덱의 반차를 따르는 예수 대제사장이 의와 평강을 지닌 분임을 암시하고 있다(참조. 히 1:9 '의'; 12:14 '평강').

둘째로, 멜기세덱은 지극히 높으신 하나님의 제사장이다(히 7:1). 히브리서는 이것을 문맥해석의 차원에서 해설한다. 창세기 14:18~20의 문맥을 볼 때 멜기세덱은 갑자기 등장한다. 히브리서는 이로부터 멜기세덱은 부모와 족보와 시종(始終)이 없는 인물이라고 추론한다(히 7:3). 여기에서 한 가지 더욱 특이한 것은 이런 추론의 결과가 멜기세덱을 하나님의 아들과 유사한 인물로 여기게 만들었다는 것이다(히 7:3). 멜기세덱이 하나님의 아들과 유사하다는 것은 역으로 하나님의 아들이 멜기세덱과 유사할 수 있는 가능성을 제시한다. 히브리서는 이 모든 것을 종합해서 멜기세덱을 항상 제사장으로 있는 인물이라고 말하는데(히 7:3), 결국 이것은 예수 대제사장도 항상 살아 있는 분임을 지시하는 것이다(히 7:25; 참조. 히 10:12; 13:8).

② 아브라함과의 관계에서 뛰어남(히 7:4-10)

더 나아가서 멜기세덱은 아브라함과의 관계에서 뛰어남이 분명해진 다(히 7:4~10). 히브리서는 이미 앞에서 멜기세덱은 승전의 아브라함 에게 복을 빌었고, 아브라함은 멜기세덱에게 십분의 일을 나눠주었 다고 말했다(히 7:1~2). 두 가지 측면에서 멜기세덱은 아브라함보다 뛰어난 인물이다.

첫째로, 멜기세덱이 아브라함에게 복을 빌어주었다. 아브라함은 승 리자이며(히 7:1), 조상이며($\pi\alpha\tau\rho\iota\acute{\alpha}\rho\chi\eta\varsigma$, 히 7:4), 약속을 얻은 자이며(히 7:6), 제사장의 조상이다($\pi\alpha\tau\acute{\eta}\rho$, 히 7:10). 그럼에도 불구하고 아브라 함은 멜기세덱에게 축복을 받았다. 이것은 멜기세덱이 아브라함보 다 높다는 것을 의미한다. 왜냐하면 '낮은 자가 높은 자에게서 축복 을 받기'(히 7:7) 때문이다. 아브라함은 낮은 자이고 멜기세덱은 높은 자이다.

둘째로, 아브라함은 멜기세덱에게 좋은 것으로 십일조를 드렸다(히 7:4). 이것은 심지어 이스라엘 백성에게서 십일조를 받는 레위도 멜 기세덱에게 십일조를 드린 것을 의미한다(히 7:5, 9). 왜냐하면 멜기세 덱이 아브라함을 만났을 때 레위는 아직 자기 조상의 허리에 있었기 때문이다(히 7:10). 결국 멜기세덱은 제사장보다 높은 제사장이다. 이 로써 멜기세덱이 아브라함(또는 아브라함의 자손인 레위 제사장들)보다 높다는 사실이 증명된다.

여기에서 히브리서는 특이한 사상을 첨부한다. 레위 제사장들은 죽을 자들이지만 멜기세덱은 '살아있다'(ζῇ)고 증거를 받는 인물이라는 것이다(히 7:8). 사실 히브리서가 멜기세덱에 대한 이 증거를 어디에서 찾아냈는지는 알 수가 없다. 그러나 중요한 것은 히브리서가 멜기세덱이 살아있음을 강조하는 데는 분명한 목적이 있다는 것이다. 그것은 멜기세덱에게서 예수 그리스도를 발견하기 위함이다. 멜기세덱과 마찬가지로 예수 그리스도는 항상 살아 계시다(πάντοτε ζῶν, 히 7:25).

(2) 멜기세덱의 반차(히 7:11~19)

둘째로, 히브리서는 멜기세덱의 반차에 관해서 설명한다. 본래 제사장 직분은 레위 지파를 통하여 '아론의 반차를 따라'(κατὰ τὴν τάξιν Ἀαρών) 세움을 받는다(히 7:11). 하지만 예수 대제사장은 유다 지파에서 나왔다. 유다 지파는 한 사람도 제단 일을 받들지 않은 지파이며(히 7:13), 모세가 제사장 직분에 관해서 말한 것이 하나도 없는 지파이다(히 7:14). 그러면 유다 지파인 예수님께서 대제사장이 되는 것이 어떻게 가능한가?

그 가능성은 멜기세덱이 레위 이전 인물임에도 불구하고 대제사장이었다는 사실에서 주어진다. 여기에서 히브리서는 과감하게 예수 그리스도가 '멜기세덱의 반차를 따르는'(κατὰ τὴν τάξιν Μελχισέδεκ) 대제사장이며, 이런 의미에서 '다른 제사장'(ἱερεὺς ἕτερος)이라고 결론짓는

다(히 7:11, 15). 이 때문에 히브리서는 예수 대제사장과 관련하여 시편
110:4를 인용하는 것을 주저하지 않는다. "네가 영원히 멜기세덱의
반차를 따르는 제사장이라"(히 7:17). 제사장 직분이 아론 반차를 따르
는 제사장들에게서 멜기세덱 반차를 따르는 예수 그리스도로 이동하
였다(히 7:12).

그런데 히브리서는 예수 그리스도가 대제사장이 된 것은 육체에 상
관된 계명의 율법을 따르는 것이 아니라 무궁한 생명의 능력을 따르
는 것이라고 덧붙인다(히 7:16). 육체적인 면에서 볼 때 레위와 유다가
아브라함의 자손인 것처럼 아론과 예수 그리스도가 아브라함의 자손
일지라도, 제사장은 오직 아브라함 − 레위 − 아론의 노선에서만 나
온다. 따라서 예수 그리스도가 제사장이 된 것은 육체의 노선을 따르
는 것이 아니다. 여기에는 생명의 능력이 작용하였다. 이 생명의 능
력으로 말미암아 예수 그리스도께서 직접 멜기세덱에게 연결된 것이
다. 그렇다면 예수 대제사장에게서 생명의 능력이 나오는 것은 당연
한 일이다.

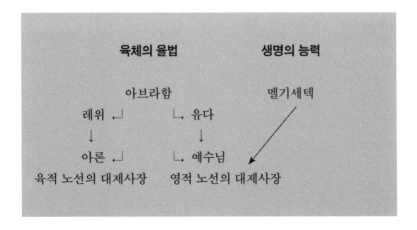

(3) 영원한 대제사장(히 7:20~28)

셋째로, 히브리서가 관심을 가지는 내용은 '영원한 대제사장'이라는 표현이다. 히브리서는 시편 110:4에 언급된 멜기세덱에 대한 진술은 바로 예수 그리스도를 지시하는 것이라고 단언하면서, 그것은 후회함이 없는 맹세의 말씀이라고 설명한다(히 7:20~21). "네가 영원히 제사장이라"(히 7:21; 참조. 히 5:6; 6:20; 7:17). 히브리서는 예수 그리스도가 영원한 제사장이라는 사실로부터 몇 가지 가치를 발견하였다.

① 더 좋은 언약의 보증

무엇보다도 예수 그리스도는 영원한 제사장이기에 더 좋은 언약의 보증(ἔγγυος)이 되신다(히 7:22; 참조. 히 8:6; 9:15; 12:24 - 중보 μεσίτης). 더 좋은(새) 언약이란 옛 언약과 비교해서 내용이 낮다는 의미가 아니다. 머지않아 히브리서가 스스로 분명하게 밝히겠지만 내용에 있어서 옛 언약과 새 언약은 동일하다. 언약의 내용은 하나님과 백성의 관계이다(참조. 히 8:8~12). 그러면 왜 언약에서 '옛'과 '새'라는 표현이 필요한가? 그것은 언약실현의 효력에 변화가 생겼기 때문이다.

옛 언약에서는 언약의 당사자인 백성이 반복적으로 범죄함으로 말미암아 언약실현에 효력이 없었다. 그러나 새 언약에서는 언약실현의 효력이 언약의 당사자인 백성에게서 발견되지 않고 언약의 중보자 예수 그리스도에게서 발견된다. 하나님께서 언약을 지키시는 것은 언약의 당사자인 백성 때문이 아니라 언약의 중보자인 예수 그리스도 때문이다. 예수 그리스도는 언약의 당사자인 백성의 모든 범죄를 일시에 정결케 하신 분이며(참조. 히 1:3), 영원한 제사장이므로 사죄의 효력도 영원하다. 이 까닭에 이제 언약은 더 좋은(새) 언약이라고 불린다.

② 유일한 제사장

둘째로, 예수 그리스도는 영원한 제사장이기에 유일한 제사장이다(히 7:23~25). 구약 제사장들은 죽음으로 말미암아 항상 있지 못하기 때문에 수효가 많을 수밖에 없다(히 7:23). 하지만 예수 그리스도는 영원한 제사장이며 항상 살아있기 때문에 직분이 이동할 필요가 없이(ἀπαράβατος) 한 분으로 충분하다(히 7:24~25).

여기에서 히브리서는 두 가지 중요한 교리를 첨부한다. 하나는 구원론이다. 예수 그리스도가 영원한 제사장이라는 사실에서 그를 힘입어 하나님께 나아가는 자들이 온전히 구원을 받는다는 교리가 성립된다(히 7:25). 다른 하나는 중보론이다. 예수 그리스도는 영원한 제사장이기에 항상 살아 계셔서 하나님께 나아가는 자들을 위하여 간구하신다(히 7:25).

③ 단번의 제사

셋째로, 예수 그리스도는 영원한 제사장이기에 단번의 제사를 드린다(히 7:26~28). 구약 대제사장들은 자기의 죄와 백성의 죄를 위하여 '날마다'(καθ' ἡμέραν) 제사를 드려야 했다(히 7:27). 왜냐하면 그들은 반복적으로 범죄하기 때문이다. 예수 대제사장은 구약 대제사장들과 두 가지 점에서 다르다.

우선 예수 그리스도는 자신의 죄를 위하여 제사를 드릴 필요가 없다(히 7:27). 왜냐하면 예수 그리스도는 거룩하고 악이 없고 더러움이 없고 죄인에게서 떠나 있으며 심지어 하늘보다도 높으신 분이기 때문이다(히 7:26). 또한 영원한 제사장이신 예수 그리스도는 자신을 드려 백성의 죄를 위한 제사를 '단번에'(ἐφάπαξ) 이루셨다(히 7:27).

④ 영원히 온전케 되신 아들

넷째로, 히브리서는 예수 그리스도에게서 영원한 제사장 직분이 '영원히 온전하게 되신 아들'(히 7:28) 신분과 관계된다고 설명한다. 제사장 직분은 아들 신분의 결과이며, 아들 신분은 제사장 직분의 원인이다. 예수 그리스도는 영원한 아들이기에 영원한 제사장으로 표현되며, 영원한 제사장이기에 영원한 아들인 것이 증명된다.

III. 구속주

히브리서에서 기독론은 구속론과 바로 연관된다. 기독론은 누가 우리의 구속을 이루었는지를 말하는 것이며, 구속론은 예수 그리스도에 의하여 우리가 받은 것이 무엇인지를 말하는 것이다. 기독론과 구속론은 마치 원인과 결과처럼 언제나 결합되어 있다. 그래서 히브리서의 기독론은 예수 그리스도가 구속주이심을 밝히는 데

총력을 기울인다. 히브리서는 예수 그리스도를 하나님의 아들로
묘사하건 멜기세덱과 같은 대제사장으로 묘사하건 모두 구속주 개
념을 띠고 있다. 히브리서에서 예수 그리스도의 구속주 개념은 다
양하게 진술된다.

1. 구원의 시작자

첫째로, 히브리서는 구속주 개념을 위하여 예수 그리스도를 구원의
시작자(ἀρχηγός)라고 부른다. 이것은 히브리서에서 최소한 세 가지
측면으로 설명된다.

1) 선구자(히 6:20)

무엇보다도 히브리서에 의하면 멜기세덱 반차를 좇는 예수 대제사장
은 선구자(πρόδρομος)로서 먼저 성소에 들어가셨다(히 6:20). 히브리서
에서 예수 대제사장이 들어간 성소는 하늘의 보좌를 가리킨다(히
4:14ff.; 8:1f.). 그런데 예수 대제사장이 선구자가 되신 것은 우리를 위
한 행보였다. 그러므로 우리도 예수 대제사장으로 말미암아 휘장 안
으로 들어간다(히 6:19). 우리는 예수님의 피를 힘입어 성소에 들어갈
담력을 얻는다(히 10:19).

2) 구원의 근원(히 5:9)

또한 히브리서는 예수 그리스도를 가리켜 구원의 근원(αἴτιος
σωτηρίας)이라고 부른다(히 5:9). 예수 그리스도의 구원은 그에게 순종

하는 모든 사람에게 허락되는 것이다. 이것은 영원한 구원이다. 구원
은 오직 예수 그리스도에게서 시작된다. 그런데 예수 그리스도는 구
원의 근원이 되기까지 먼저 고난의 길을 가셨다. 그는 하나님의 아들
이심에도 불구하고 고난의 순종을 배웠다(히 5:8). 그리고 이런 고난의
순종 끝에 구원의 근원이 되셨다. 따라서 예수 그리스도께서 구원의
근원이 되셨다는 것은 그에게 순종하는 모든 자들이 그가 베푸시는
긍휼에 참여하게 되었다는 것을 의미한다. 그들은 그리스도와 하늘
의 부르심에 동참자들(μέτοχοι)이 된 것이며 그리스도의 동참자들
(μέτοχοι)이 된 것이다(히 3:1, 14).

3) 구원의 시작자(히 2:10)

히브리서는 구원이란 처음에 주께서 말씀하신 것이라고 말한다(히
2:3). 구원은 예수 그리스도에게서 시작된다. 이런 의미에서 히브리서
는 예수 그리스도를 구원의 시작자(ἀρχηγός)라고 부른다(히 2:10). 예
수 그리스도는 구원받을 모든 사람을 위하여 죽음을 맛보셨고 또한
영광을 얻으셨다(히 2:9). 이로 말미암아 그는 구원받을 사람을 거룩하
게 하신다(히 2:11).

그런데 구원받을 사람의 범위는 이미 창조 때부터 시작되었다. 히브
리서는 이에 대한 대표적인 인물로 아벨을 언급한다(히 11:4). 히브리
서에 의하면 아벨은 믿음의 인물 가운데 가장 먼저 지칭될 수 있는
사람이다. 그러나 여기에서 마치 아벨이 믿음의 시작자인 것처럼 오
해하는 일이 발생해서는 안 된다. 역사에서 아무리 아벨이 믿음의 첫
인물인 것처럼 보인다 할지라도 그 이전에 믿음의 시작자가 계시기

때문이다. 그는 예수 그리스도이시다. 또한 구약의 끝자락에도 믿음
의 사람들이 있다(히 11:39). 그러나 그들이 끝이 아니라, 그 다음에
"우리"가 있다(히 11:40). 하지만 "우리"가 끝이 아니다. 마지막에 예수
님이 계신다.

그러므로 히브리서는 신앙의 열전을 소개하고 난 후에 그들은 증인
에 지나지 않는다고 쐐기를 박는다(히 12:1). 오직 예수 그리스도 만이
믿음의 시작자(ἀρχηγός)이시다(히 12:2). 그리고 예수 그리스도는 믿음
의 시작자이듯이 믿음의 종결자(τελειωτής)이시다(히 12:2). 다시 말하
자면 믿음이란 역사의 이전과 이후에서 예수 그리스도에 의해서 시
작되었고 종결된다는 것이다. 왜냐하면 그는 항상 살아계시고(히
7:25), 어제나 오늘이나 또 영원토록 동일하시기 때문이다(히 13:8). 이
것은 구원이 예수 그리스도에 의하여 시작되고 종결된다는 것을 의
미하는 것과 다를 바가 없다.

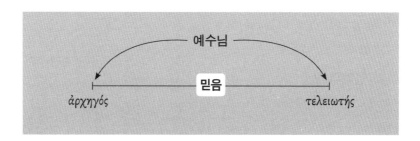

2. 언약의 중보와 보증

둘째로, 히브리서는 구속주 개념을 설명하기 위하여 예수 그리스도
를 언약의 중보 또는 언약의 보증이라고 부른다.

1) 언약의 중보(히 8:6)

예수 그리스도는 더 좋은 언약의 중보(μεσίτης)이시다(히 8:6). 중보자
는 양편을 위한다(참조. 갈 3:20). 언약에 있어서 하나님과 백성은 당사
자이다. 만일에 어느 한 당사자가 언약을 지키지 못하면 언약은 깨지
고 만다. 그런데 첫 언약에서 백성이 범죄함으로 말미암아 언약이 파
괴되는 일이 발생하였다(히 8:9; 9:15). 백성의 범죄는 반복적이기 때문
에 백성에 의해서는 언약이 회복될 가능성이 없다. 그러므로 하나님
께서는 예수 그리스도를 언약의 중보자를 세우셨다.

예수 그리스도는 하나님과 사람 사이에 유일한 중보자이시다(딤전
2:5). 그는 중보자로서 피를 흘려(히 12:24) 영원한 속죄를 이루셨다(히
9:15). 하나님께서는 중보자 예수 그리스도의 속죄보혈을 보고 백성
의 범죄를 기억하지 아니하신다(히 10:11~18, 특히 11!). 그러므로 중보
자 예수 그리스도는 구속주이시다.

2) 언약의 보증(히 7:22)

예수 그리스도는 더 좋은 언약의 보증(ἔγγυος)이시다(히 7:22). 언약의
보증은 중보자 사상에서 발전된 것이다. 하나님과 백성 사이에 견고
한 중보자가 있기에 그 언약은 확실하게 보증된다. 예수 그리스도가
견고한 중보자이신 까닭은 영원히 계시는 분이기 때문이다(히 7:24).
따라서 영원한 중보자이신 예수 그리스도로 말미암아 새 언약은 흔
들리거나 변동되지 않는다. 구속은 더 좋은 언약의 보증이신 예수
그리스도로 말미암아 온전하게 확립된다(히 7:25).

그래서 신자들은 예수 그리스도 안에서 영혼의 닻 같으며 튼튼하고 견고한(ἀσφαλὴς καὶ βεβαία) 소망을 가진다(히 6:19). 그리고 신자들은 예수 그리스도의 참여자가 될 것을 바라면서 소망의 확신(βεβαίαν)을 끝까지 잡는다(히 3:6, 14). 바로 여기에서 신자들에게는 하나님께 나아가는 담대함(παρρησία)이 주어진다(히 3:6; 4:16; 10:19, 35).

이 담대함은 다르게 말하자면 믿음이다. 이렇게 볼 때 히브리서에서는 신앙론은 기독론에서 나온다. 예수 그리스도께서 언약의 보증이시기 때문에 신자들은 구원함에 이르는 견고한 믿음을 가진 자들이 된다(히 10:39). 예수 그리스도는 언약의 보증이시기 때문에 자기를 힘입어 하나님께 나아가는 자들을 위하여 끊임없이 간구하신다(히 7:25; 롬 8:34).

3. 모범자

구속주이신 예수 그리스도는 모든 신자들이 모범으로 삼아야 할 분이다. 그는 믿는 도리의 사도이시며 대제사장이시다. 그는 믿음의 창시자이며 종결자이시다. 따라서 신자들은 예수 그리스도에게 모든 것을 걸어야 한다. 예수 그리스도에 대한 신자들의 관계는 부분적인 것이 아니라 전체적인 것이다. 그러므로 신자들은 예수님을 깊이 생각해야 하며(히 3:1), 예수님을 바라보아야 한다(히 12:2).

1) 모범이신 예수 그리스도

히브리서는 신자들이 예수 그리스도에게서 무엇을 배워야 할지 여러 가지 측면에서 진술한다.

(1) 거룩함

무엇보다도 신자들은 예수 그리스도에게서 거룩함을 배워야 한다. 왜냐하면 그는 거룩하고 악이 없고 더러움이 없고 죄인에게서 떠나 계시고 하늘보다 높이 되신 분이시기 때문이다(히 7:26). 하나님께서는 마치 아버지가 자녀에게 하듯이 신자들을 교육하여 거룩함에 참여하게 하셨고(히 12:10), 예수님께서는 자기 백성을 거룩하게 하려고 고난을 받으셨다(히 13:12). 그래서 신자들은 삶의 모든 부분에서 거룩함을 실천해야 한다. 예를 들면 신자들은 모든 사람에 대하여 거룩해야 하며(히 12:14), 음행을 멀리해야 한다(히 12:16; 13:4).

(2) 믿음/신실함/충성됨

더 나아가서 신자들이 예수 그리스도에게서 배워야 할 것은 신앙/신실(πίστις / πιστός)이다. 광야시대의 이스라엘 백성들에게 나타난 최대의 문제점이 신실을 상실한 것에 있었던 것처럼 이것은 히브리서의 신자들에게도 심각한 문제점이었다(히 3:12). 이 때문에 히브리서는 모세가 종으로서 하나님께 신실했던 것 같이 예수 그리스도께서 아들로서 하나님께 신실했던 것을 언급하면서(히 3:2) 그분을 깊이 생각할 것을 권면한다(히 3:1). 신자들은 그 앞에 있었던 신앙의 열전을 기억하면서 그들을 믿음의 증인으로 삼아야 한다(히 12:1). 그러나 무엇보다도 예수 그리스도께서 믿음의 시작자이며 종결자라면 모든 신자는 그분의 믿음을 본받아야 한다(히 12:2). "나의 의인은 믿음으로 말미암아 살리라"(히 10:38; 합 2:4).

(3) 고난(히 10:32-34)

마지막으로, 히브리서는 신자들이 예수 그리스도에게서 고난을 배워
야 한다고 말한다. 예수 그리스도는 하나님의 아들이지만 고난 중에
서 순종을 배우셨다(히 5:7~8). 그러므로 신자들은 예수 그리스도의 뒤
를 따라 고난에 동참해야 한다(히 5:9). 사실상 구약시대에도 신자들은
이미 예수 그리스도의 고난에 참여하였다. 그 대표적인 예가 모세이
다. 모세는 상 주심을 바라보면서 그리스도를 위하여 받는 수모를 애
굽의 모든 보화보다 더 큰 재물로 여겼다(히 11:26). 이 때문에 히브리
서는 "죄인들이 이같이 자기에게 거역한 일을 참으신 이를 생각하
라"(히 12:3)고 호소한다. 신자들은 고난의 길에서 끊임없이 예수 그리
스도에게로 나아가야 한다(히 13:13). 예수 그리스도에게 그러했던 것
처럼 고난 끝에는 영광이 있다(히 2:9).

2) 은혜 후 타락과 타락 후 은혜

고난의 길에서 신자들은 타락하지 않도록 조심해야 한다. 히브리서
의 신자들은 이미 고난의 큰 싸움을 통과하였다(히 10:32). 그들은 뒤
로 물러가거나(히 10:39), 흘러 떠내려가거나(히 2:1), 심지어 안식에
이르지 못할(히 4:1) 위험에 직면해 있었다. 이런 위험 앞에서 어떤
신자들은 하나님의 아들을 다시 십자가에 못 박아 드러내놓고 욕되
게 하는 타락에 빠졌고(히 6:6), 하나님의 아들을 짓밟고 언약의 피를
부정한 것으로 여기며 은혜의 성령님을 욕되게 하는 방식으로 짐짓

범죄하였다(히 10:26, 29). 그래서 히브리서는 이런 타락자들의 문제를 매우 심각하게 다룬다(히 6:3~6; 10:26~31). 여기에서 히브리서는 은혜 후 타락의 가능성과 타락 후 은혜의 가능성이라는 두 가지 문제점을 다룬다.

(1) 은혜 후 타락

첫째로, 히브리서는 은혜 후 타락의 가능성을 말하고 있다. 하나님의 은혜로 말미암아 믿음에 들어온 신자가 범죄로 말미암아 타락하는 것이 가능하다는 것이다.

어떤 사람들에 의하면 한번 빛을 받고 하늘의 은사를 맛보고 성령님에 참여하고 하나님의 선한 말씀과 내세의 능력을 맛본 것(히 6:4)은 실제적인 현상이 아니라 가정적인 현상으로 추정된다. 그러나 이런 추정은 타당성이 없다. 왜냐하면 히브리서 6:1~2의 실제상황에 이어 히브리서 6:3~6이 진술되고 있기 때문이다. 초보자들에 대한 권면(히 6:1~2)과 마찬가지로 타락자들에 대한 권면(히 6:3~6)도 모두 실제적인 것이다. 다시 말해서 히브리서는 은혜를 받은 후에 타락이 가능하다는 것을 말하고 있다.

또 어떤 사람들은 위에 언급한 현상들이 예수 그리스도에 대한 믿음은 없지만 가시적인 교회 안에서 체류하는 동안 기독교 신앙에 유사한 체험들(주관적인 체험이든지, 불신자에게도 주어지는 폭넓은 은혜이든지)을 가리키는 것으로 간주한다. 그러나 이런 현상들을 단지 기독교의 신앙에 근사한 체험들로 여기는 것은 옳지 않다. 왜냐하면 여기에 진술된 은혜의 내용들은 대단히 특별한 것이기 때문이다. 이 단락에서 히브리서가 진정으로 말하려는 것은 은혜 후에도 타락이 가능하다는 사실이다.

(2) 타락 후 은혜

둘째로, 히브리서가 관심을 가지는 것은 타락 후 은혜의 가능성이다. 범죄로 말미암아 타락한 신자가 다시 하나님에게서 은혜를 얻는 것이 가능하다는 것이다.

히브리서에 의하면 타락은 매우 무서운 결과를 가져온다(히 10:26~31). 의도적인 타락에는 죄를 위한 제사가 없고(히 10:26), 심판과 불이 기다리며(히 10:27), 형벌이 주어지고(히 10:29), 하나님의 손에 빠져든다(히 10:31). 그러므로 사람은 결코 타락자들을 다시 새롭게 만들 수 없다. 타락자들을 새롭게 만드는 것은 사람의 힘이 아니다. 히브리서는 이것을 명백하게 언급한다(히 6:3~6).

여기에서 중요한 것은 '…하고 타락한 자들'을 '새롭게 하다'(ἀνακαινί-ζειν, 히 6:6)의 주어로 생각해서는 안된다는 것이다. '…하고 타락한 자들'은 '새롭게 하다'의 목적어이다. 문장의 진짜 주어는 '할 수 없다'(ἀδύνατον, 히 6:4 [개역성경에는 6:6]) 속에 숨어있는 막연한 사람들이다(참조, 10:4; 11:6). 이 단락의 요점만 간추리면 다음과 같다.

4	ἀδύνατον γάρ τοὺς...	이는 (사람들은)	For it is impossible
		… 수 없기 때문이다	(for us)
6	καὶ παραπεσόντας	…하고 타락한 자들을	to renew
	πάλιν ἀνακαινίζειν	다시 새롭게 만들	those who ...

'할 수 없다'가 타락자의 회개 가능성을 암시하는 '어렵다'(difficult)를
뜻하건 회개의 불가능성을 암시하는 '불가능하다'(impossible)를 뜻하건
(히 6:18; 10:4; 11:6에 의하면 후자가 옳다) '…하고 타락한 자들'을 새롭게
만드는 것은 사람들의 몫이 아니다. 그것은 오직 하나님에게만 달린
일이다.

그래서 히브리서는 이 단락을 시작하면서 먼저 "하나님께서 허락하
시면 우리가 이것을 하리라"(καὶ τοῦτο ποιήσομεν, ἐάνπερ ἐπιτρέπῃ ὁ
θεός, 히 6:3)고 전제한다. '이것'(τοῦτο)은 이 구절 다음에 이어지는 '…
하고 타락한 자들을 새롭게 하는 것'(히 6:4~6)을 가리킨다(τοῦτο가 그 다
음에 오는 내용을 가리키는 용법에 대하여는 예를 들어 고전 11:17와 갈 3:2,17을 참
조하라).

다시 말하자면 '… 하고 타락한 자들을 새롭게 만드는 것'은 사람의
일이 아니라 하나님의 일이라는 말이다(막 10:27 참조). 결론적으로 히
브리서는 타락 후 회복의 가능성에 관해서 하나님의 허용과 인간의
수행을 다음과 같이 조화시키고 있다.

3	καὶ τοῦτο ποιήσομεν, ἐάνπερ ἐπιτρέπῃ ὁ θεός	우리가 이것을 하리라 하나님이 허락하시면.	And this we shall do, if God permits.
4	ἀδύνατον γάρ τοὺς...	이는 (사람들은) … 수 없기 때문이다	For it is impossible (for us)
6	καὶ παραπεσόντας πάλιν ἀνακαινίζειν	…하고 타락한 자들을 다시 새롭게 만들	to renew those who ...

IV. 결론

히브리서에서 기독론이 중대한 위치를 차지하고 있다는 것은 아무도 부인할 수 없는 사실이다. 이것은 히브리서를 별로 깊은 생각 없이 처음부터 끝까지 그냥 죽 읽어보기만 해도 금방 눈에 띄는 사실이다. 서두는 말할 것도 없고 전반적으로 히브리서에는 예수 그리스도에 대한 진술이 가득 차 있으며 그 진술은 마지막까지 이른다. 그래서 히브리서는 중간쯤에서 이렇게 말했다. "이제까지 한 말에 중요한 것은 이러한 대제사장이 우리에게 있다는 것이라"(히 8:1).

기독론은 히브리서를 지탱하는 견실한 기둥이다. 히브리서는 이 지주에 다른 모든 것을 의존시키고 있다. 그래서 히브리서의 여러 내용을 풀기 위하여 히브리서가 예수 그리스도에 대하여 무엇을 말하고 있는지 반드시 알아야 한다. 기독론을 이해하지 못하면 히브리서는 이해할 수가 없다. 히브리서는 예수 그리스도를 크게 하나님의 아들,

대제사장, 구속주라고 정의하며 묘사한다.

히브리서가 예수 그리스도를 하나님의 아들이라고 정의하든지 대제
사장이라고 정의하든지 아니면 구속주라고 묘사하든지 또는 그 외에
어떤 다른 명칭으로 묘사하든지 기독론에서 공통적으로 흐르는 사상
은 예수 그리스도가 '섬기는 분'(λειτουργός)이라는 사실이다(히 8:2). 예
수 그리스도는 하나님의 아들로서 하나님의 자녀들을 영광에 들어가
게 하는 일을 하신다(히 2:10). 예수 그리스도께서 대제사장이 되신 것
은 자기의 백성을 도와주시기 위함이었다(히 2:17~18; 4:16). 예수 그리
스도는 구속주로서 우리를 휘장 안으로 인도하는 선구자가 되어 휘
장 안으로 들어가는 새롭고 산 길을 열어주셨다(히 6:20; 10:20).

히브리서에 의하면 기독론을 관통하는 것은 섬김이다. 예수 그리스
도는 섬기는 분이다. 그분은 심지어 승천하신 후에 하늘에 있는 성소
까지도 섬기는 분이 되신다. 그래서 히브리서는 이렇게 말했다. "그
가 하늘에서 위엄의 보좌 우편에 앉으셨으니 성소와 참 장막을 '섬기
는 분'(λειτουργός)이라"(히 8:1~2). 마치 구약 제사장이 땅에 있는 성소
를 섬기듯이(λατρεύουσιν, 히 8:5 / λειτουργῶν, 히 10:11), 예수 대제사장도
하늘에 있는 성소를 섬긴다. 천사들이 하나님을 '섬기는 자'(λειτουργός)
이며(히 1:7) '섬기는 영'(λειτουργικὰ πνεύματα)이듯이(히 1:14) 예수 그리
스도도 섬기는 분이다.

물론 예수님의 섬김은 천사들이나 구약 제사장의 섬김과는 사뭇 다
르다. 예수 그리스도의 섬김은 자기를 제물로 드린 섬김이다. 천사들
의 섬김은 제물이 없는 섬김이라는 점에서 예수 그리스도의 섬김과

다르며, 구약 제사장의 섬김은 동물제사로서의 섬김이라는 점에서 예수 그리스도의 섬김과 다르다. 예수 그리스도의 섬김은 천사나 구약 제사장의 섬김보다 훨씬 아름답다. 그래서 히브리서는 예수 그리스도의 사역을 가리켜 '더 아름다운 섬김'(διαφορωτέρας λειτουργίας)이라고 부른다(히 8:6).

우리는 오직 우리를 섬기는 하나님의 아들, 대제사장, 구속주이신 예수 그리스도에 의해서만 영원한 기업(히 9:15)과 영구한 산업(히 10:34)을 얻는다. 그것은 시간적으로는 장차 올 세상/도성(히 2:5; 13:14)이며, 공간적으로 하늘에 있는 성(히 11:16)이다. 그때 거기에서 우리는 영원한 안식을 얻는다. 그 안식은 구약시대에 여호수아(그리스어로는 '예수')가 하나님의 백성에게 주었던 것과는 질적으로 다른 것이다(히 4:8).

예수 그리스도께서 주시는 안식은 하나님께서 창조 후에 쉬셨던 신적인 안식에 참여하게 하는 것이기 때문이다(히 4:3~4, 10). 예수 그리스도의 안식은 창조 안식의 진정한 회복이다. 그러므로 우리는 하나님의 아들, 대제사장, 구속주이신 예수 그리스도로 말미암아 신적인 안식에 참여하는 영원한 복을 누린다.

"아브라함과 야곱 사이"
Between Abraham and Jacob

히 11:20; 창 27:26~29

히브리서 11:20
"믿음으로 이삭은 장차 있을 일에 대하여 야곱과 에서에게 축복하였으며"

창세기 27:26~29
26그의 아버지 이삭이 그에게 이르되 내 아들아 가까이 와서 내게 입맞추라 27그가 가까이 가서 그에게 입맞추니 아버지가 그의 옷의 향취를 맡고 그에게 축복하여 이르되 내 아들의 향취는 여호와께서 복 주신 밭의 향취로다 28하나님은 하늘의 이슬과 땅의 기름짐이며 풍성한 곡식과 포도주를 네게 주시기를 원하노라 29만민이 너를 섬기고 열국이 네게 굴복하리니 네가 형제들의 주가 되고 네 어머니의 아들들이 네게 굴복하며 너를 저주하는 자는 저주를 받고 너를 축복하는 자는 복을 받기를 원하노라

.
.
.
.

1. 축복의 사람

아주 기분 나쁜 일 중에 하나는 다른 이들로부터 별 볼일 없는 사람으로 여겨지는 것입니다. 이삭이 이런 경우를 위한 대표적인 인물이 아닐까 생각됩니다. 이삭은 아브라함과 야곱과 함께 믿음의 조상이라고 불립니다. 그런데 이상하게도 사람들은 아브라함과 야곱을 상당히 인상적으로 기억하는 반면에 이삭은 별로 대수롭지 않게 여깁니다.

그래서 '아브라함과 이삭과 야곱'이라는 말을 쓸 때 이삭은 그저 '아브라함과 야곱 사이에 서 있는 사람'(a man between Abraham and Jacob)으로 간주됩니다. 이삭은 단지 아브라함과 야곱을 잇는 초라한 징검다리 정도로 생각되는 것입니다. 물론 어떤 사람들은 이것이 구약성경의 입장이라고 말할지도 모릅니다. 왜냐하면 창세기를 읽어보면 이삭에 대한 이야기는 아브라함과 야곱에 대한 이야기에 비하여 턱없이 작은 분량을 차지하고 있기 때문입니다.

창세기는 아브라함에 대하여 자그마치 창세기 12장에서 창세기 24

장까지 열세 장을 할애하여 설명합니다. 또한 야곱에 대하여는 창세기 28장에서 창세기 35장까지 여덟 장과 그리고 그 뒤에 요셉의 이야기 중에도 여러 번 진술됩니다. 그러나 이삭에 대하여는 앞에서 산발적으로 조금씩 언급되다가 창세기 25장 중반에서 창세기 28장 초반까지 겨우 석 장 남짓 기록되어 있을 뿐입니다.

창세기는 아브라함과 야곱에 대하여 수많은 일화를 기록하고 있는데 비하여 이삭에 대한 이야기 거리는 그다지 많이 기록하고 있지를 않습니다. 이런 이유로 말미암아 이삭은 별로 중요치 않은 인물로 여겨집니다. 이삭은 그다지 크게 주목을 받지 못합니다. 바로 이 때문에 이삭은 간과하기 쉬운 인물입니다.

그러나 우리는 이삭에게서 결코 놓쳐서는 안될 귀중한 교훈을 한 가지 배웁니다. 그것은 이삭이 축복하는 사람이었다는 사실입니다. 히브리서 기자는 이 사실을 누구보다도 정확하게 파악하고는 다음과 같이 말했습니다. "믿음으로 이삭은 장차 있을 일에 대하여 야곱과 에서에게 축복하였으며"(히 11:20).

히브리서 기자는 이삭에 대하여 오직 한 마디의 말을 하고 있을 뿐입니다. 하지만 히브리서 기자는 이삭의 삶 중에서 가장 중요한 것을 발견하였습니다. 이삭은 축복하는 사람이었다는 것입니다. 히브리서 기자는 이삭이 축복의 사람이었다는 것을 강조하고 있습니다. 이삭은 축복자였습니다. 그래서 창세기 27~28장을 살펴보면 이삭이 축복했다는 말이 무려 18번이나 나옵니다. 참으로 이삭은 축복하는 사람이었습니다.

2. 축복의 동기

그러면 이삭이 이처럼 축복하는 사람이 된 것은 어떤 동기에서입니까? 이삭이 축복을 한 동기는 두 가지 측면에서 생각해 볼 수 있습니다. 첫째로, 이삭은 미래를 내다보았기 때문이며, 둘째로, 이삭은 과거를 돌아보았기 때문입니다. 이삭이 축복하게 된 두 가지 동기를 자세히 살펴봅시다.

미래를 내다보다

무엇보다도 이삭은 미래를 내다보는 사람이었습니다. 이삭은 자녀의 인생을 중요하게 생각했습니다. 그러므로 이삭은 두 아들 야곱과 에서를 위하여 축복했습니다. 여기에서 우리는 두 아들을 위한 이삭의 축복이 뒤죽박죽이 된 일에 관하여는 다루지 않을 것입니다. 일이 어떻게 되었든지 간에 중요한 것은 이삭이 자식들의 미래를 위하여 축복할 생각을 품었다는 사실입니다(창 27:4).

이삭은 미래에 관심을 가진 사람이었습니다. 이삭은 현재에만 매여 있는 사람이 아니었습니다. 이삭은 미래의 일에 대하여 깊이 생각하는 사람이었습니다. 이삭은 장차 일어날 일들을 바라보는 사람이었습니다. 그러므로 히브리서 기자도 이것을 강조합니다. "믿음으로 이삭은 장차 있을 일에 대하여 야곱과 에서에게 축복하였으며"(히 11:20).

이삭이 미래의 일에 대하여 얼마나 골똘하게 생각하였는지는 그의 첫 번째 축복의 내용을 살펴보면 분명해집니다. "만민이 너를 섬기고 열국이 네게 굴복하리니 네가 형제들의 주가 되고 네 어머니의 아들들이 네게 굴복하며 너를 저주하는 자는 저주를 받고 너를 축복하는 자는 복을 받기를 원하노라"(창 27:29).

여기에 세 가지 종류의 사람들이 언급됩니다. 이삭은 자식과의 관계에서 미래의 만민과 열국을 바라보았습니다(창 27:29상). 이삭은 자녀에 대한 축복을 통하여 미래의 가족과 이웃을 예견하였습니다(창 27:29중). 이삭은 자녀를 통하여 미래의 친구와 원수를 내다보았습니다(창 27:29하). 이삭에게는 먼 미래와 넓은 세상을 앞당겨 보는 혜안이 있었던 것입니다.

이삭은 현재에만 머물러 있지 않고 미래로 전진하였습니다. 이삭은 현실의 상태에서 앞날의 영광을 맛보고 있었습니다. 한 마디로 말하자면 이삭은 현재에서 미래를 체험하고 있었던 것입니다. 이삭은 자녀의 문제에서 만민과 열국의 문제로, 가족과 이웃의 문제로, 친구와 원수의 문제로 나아갔습니다.

이것이 하나님의 성도의 진정한 모습입니다. 하나님의 성도는 눈을 현재에만 고정시켜서는 안 되고 미래로 전환시켜야 합니다. 하나님의 성도는 현재에만 머물러 있어서는 안 되고 미래로 나아가야 합니다.

사실상 이런 자세는 모든 진실한 성도들이 취했던 것입니다. 어느 시대에 속해있든지 진실한 성도들은 현재뿐 아니라 미래도 하나님의 통치가 임하기를 소망했습니다. 그렇기 때문에 하나님의 진실한 성도들은 현재에서 미래를 만들었던 것입니다. 하나님의 성도는 이렇게 삶을 표현해야 합니다.

우리의 문제는 시야가 현재에만 매여서 도무지 미래를 바라보지 못한다는 것입니다. 긴 눈을 가지십시오. 하나님께서 우리를 다스리시기를 위하여 간구하는 만큼 하나님께서 우리를 통하여 미래를 다스리시기를 위하여 간구하십시오. 이삭은 자녀의 미래와 그 이후의 미래를 바라보는 이러한 안목을 가지고 있었기 때문에 자녀들에게 축복을 했습니다.

과거를 돌아보다

나아가서 이삭은 과거를 돌아보는 사람이었습니다. 이삭이 과거의 일에 대하여 얼마나 열중하였는지는 역시 그의 첫 번째 축복의 내용을 읽어보면 분명하게 드러납니다. "너를 저주하는 자는 저주를 받고 너를 축복하는 자는 복을 받기를 원하노라"(창 27:29). 이것은 하나님께서 처음에 아브라함에게 약속하셨던 말씀입니다(창 12:3). 아브라함은 하나님께서 주신 약속의 말씀을 확고하게 믿음으로써 신앙의 여정을 시작했습니다.

그런데 이제 이삭은 아버지 아브라함이 확신하였던 그 말씀을 되풀이하고 있는 것입니다. 이삭은 부친의 신앙을 중요하게 생각했습니다. 그러므로 이삭은 하나님께서 아버지 아브라함에게 주시겠다는 복에 관한 약속의 내용을 정확하게 기억하고 있었습니다(창 28:3~4).

이삭은 아브라함에게 약속된 하나님의 말씀을 정확하게 반복함으로써 아브라함의 신앙을 존중히 여겼다는 것을 보여줍니다. 이삭은 함께 장막에 거하던(히 11:9) 아버지로부터 이 하나님의 말씀을 배웠을 것이며, 그리고 그것을 가슴 속 깊이 간직했을 것입니다. 이삭은 아브라함의 신앙을 계승하고 있었던 것입니다.

신앙에 있어서는 옛 것에서 새 것이 나옵니다. 진리는 연속적인 성격을 가집니다. 그래서 신앙의 계승선을 무시하면 자멸하고 맙니다. 조상의 신앙을 수용할 때 후손의 신앙이 발전되는 법입니다.

이삭은 여러 차례 우물을 빼앗기며 쫓겨다님으로써 유약하다 못해 대단히 무능력하게 보이는 사람입니다(창 26:12~22). 하지만 사실상 이삭은 신앙전승에 있어서는 대단히 강한 사람이었습니다. 바로 이것이 이삭의 위대함이었습니다. 신앙인은 비록 외양으로 볼 때는 약하지만 내면을 볼 때 강한 사람입니다. 이삭의 모습은 이후에 사사시대에 열조의 신앙을 그렇게도 쉽게 떠나갔던 이스라엘 백성과 얼마나 대조가 되는 모습입니까?

하나님이 가장 싫어하시는 것 가운데 하나는 열조의 신앙을 버리는 것입니다. 또는 선대의 신앙을 자랑하면서도 정작 자신은 그 신앙을 이어받지 않는 사람을 하나님께서는 대단히 싫어하십니다. 이 때문에 선지자들은 선대가 걸어갔던 신앙의 길에 주의할 것을 촉구했던 것입니다. "여호와께서 이와같이 말씀하시되 너희는 길에 서서 보며 옛적 길 곧 선한 길이 어디인지 알아보고 그리로 가라 너희의 심령이 평강을 얻으리라"(렘 6:16).

우리도 신앙전통에 주의를 기울여야 합니다. 바른 신학과 신앙의 길에서 경주하였던 옛 신자들을 주의 깊게 살펴보아야 합니다. 이삭은 바로 선대의 신앙을 지니고 있었던 것입니다. 아버지 아브라함의 신앙을! 그리고 이 신앙을 자식들에게 물려주고 싶었던 것입니다. 다른 어떤 것보다도 이 신앙을! 그렇기 때문에 이삭은 아브라함이 하나님에게서 받은 것과 동일한 축복의 말을 반복했던 것입니다.

그런데 이삭이 아버지 아브라함의 신앙을 존중히 여겼다는 것보다도 더 중요한 사실이 있습니다. 그것은 이삭이 아브라함에게 말씀하신 하나님의 약속을 존중히 여겼다는 사실입니다(창 26:2~5). 이삭은 하나님의 말씀에 주의하는 사람이었습니다. 그는 하나님의 말씀가운데 결정적인 것이 무엇인지를 바로 인식하고 깊이 간직할 수 있는 사람이었습니다.

이삭이 하나님의 말씀을 정확하게 기억하고 있었던 것은 하나님이 어떤 분인지를 분명하게 믿었기 때문입니다. 하나님은 선택의 하나님이십니다. 하나님은 은혜의 하나님이십니다. 하나님은 복의 하나님이십니다. 하나님은 선택자의 편에 서십니다. 하나님은 선택자의 친구에게는 친구가 되시고, 선택자의 원수에게는 원수가 되십니다.

우리도 하나님의 말씀을 주의 깊게 살펴보아야 합니다. 이삭은 바로 이 신앙을 지니고 있었던 것입니다. 하나님에 대한 신앙을! 그리고 이 신앙을 자식들에게 물려주고 싶었던 것입니다. 다른 어떤 것보다도 이 신앙을! 그러므로 이삭은 하나님께서 아브라함에게 하셨던 것과 동일한 축복의 말을 반복했던 것입니다.

축복이란 것은 축복하는 사람이 그에 어울리는 자격을 가지고 있을
때 가치가 있는 것입니다. 축복이란 축복할만한 자격이 있는 사람이
할 때 받을 만한 것입니다(창 14:18~19; 히 7:7). 과거적으로는 부친의
신앙을 전수받고 하나님의 말씀을 존중히 여기는 이삭, 미래적으로
는 자식을 통하여 세계만민에게 하나님의 복을 퍼뜨리려는 이삭은
축복할 자격을 가지고 있었던 것입니다. 이삭은 믿음으로 미래를 내
다보고 과거를 돌아보는 사람이었기에 축복할 수가 있었습니다.

3. 축복의 의미

이와 같이 이삭은 미래를 내다보고 과거를 돌아보았기 때문에 축복
을 하였습니다. 이삭은 축복하는 사람이었습니다. 이삭은 축복하는
사람으로서 신앙인생의 새로운 장을 열었습니다. 이것은 정말로 신
앙세계의 역사에서 유례를 찾아볼 수 없는 획기적인 일이었습니다.
이것은 위대한 신앙의 조상들에게서조차도 발견할 수 없는 일이었
습니다.

이것은 첫째 인류의 시작인 아담에게서도, 둘째 인류의 시작이라고
할 수 있는 노아에게서도 발견할 수 없는 일이었습니다. 아담이나
노아는 하나님에게서 복을 받는 일은 체험했어도(창 1:28; 2:3; 9:1), 다
른 사람을 축복하는 일은 해본 적이 없습니다(창 9:24~27에 나오는 노아
의 말은 가나안에 대한 저주가 중심주제입니다. 단지 가나안을 저주하는 말 중에 셈과
야벳에 대한 긍정적인 진술이 들어있을 뿐입니다. 그래서 이것을 축복을 위한 축복이
라고 부르기는 어렵습니다).

심지어 축복하는 일은 이삭의 아버지 아브라함에게서도 나타나지 않는 것입니다. 아브라함이 하나님의 복을 받은 사람이라면(창 12:2; 22:17; 24:1, 35), 이삭은 하나님의 복을 전한 사람입니다. 아브라함은 죽음의 자리에서 자식들에게 소유와 재물을 나눠주었지만(창 25:5~6) 미래를 위하여 하나님의 복을 축복하지는 않았습니다. 그러나 이삭은 비록 자식들에게 소유와 재물을 나눠주지 않았지만 미래를 위하여 하나님의 복을 축복하였습니다(창 27:27~29; 39~40).

이렇게 하여 이삭은 아브라함을 뛰어넘고 있는 것입니다. 이삭은 아브라함이 가지고 있던 신앙의 한계를 극복하였습니다. 다시 말하자면 이삭은 아브라함의 신앙을 발전시키고 확대시킨 것입니다. 이삭은 인생이 하나님의 복을 받는 것으로만 그칠 수는 없고 하나님의 복을 전하는 것이 되어야 한다고 생각한 것입니다. 이삭은 인생의 진정한 가치는 하나님의 복을 받는 데 있는 것이 아니라 하나님의 복을 전달하는 데 있다고 믿었던 것입니다.

이제 이삭에게서 새로운 신앙의 장이 펼쳐지고 있습니다. 이삭은 신앙의 개척자입니다. 이삭은 제자리걸음만 하는 신앙인이 아니었습니다. 이삭은 성도의 새로운 삶의 양식을 만들어냈습니다. 이것은 앞으로 오는 모든 세대의 신앙인들이 본받아야 할 새로운 신앙생활입니다. 그러므로 이삭의 아들인 야곱도 아버지의 신앙걸음을 배웠습니다. 야곱은 아버지 이삭이 했던 대로 요셉과 요셉의 아들들에게 축복을 했습니다(창 48:9,16; 49:2이하, 28). 히브리서 기자의 예리한 눈은 이것을 놓치지 않았습니다. "믿음으로 야곱은 죽을 때에 요셉의 각 아들에게 축복하고"(히 11:21).

이삭은 '아브라함과 야곱 사이에 서있는 사람'(a man between Abraham and Jacob)인 것에 틀림없습니다. 그러나 이삭은 사람들이 생각하듯이 단순히 위대한 믿음의 조상 아브라함과 위대한 열두 지파의 아버지 야곱 사이에 끼어있는 초라한 징검다리가 아닙니다. 오히려 축복의 사람 이삭은 아버지 아브라함이 가지고 있던 신앙의 한계를 극복하고 아들 야곱이 본받아야 할 새로운 신앙의 세계를 발전시킨 위대한 인물입니다.

축복의 사람 이삭은 아브라함 뒤에서 아브라함을 아브라함이 되게 하고, 야곱 앞에서 야곱을 야곱이 되게 하는 위대한 연결자였습니다. 이삭이야말로 과거와 미래를 연결하는 위대한 현재였습니다. 이삭은 아브라함과 야곱을 연결하는 위대한 '사이'(between)입니다. 이삭을 통해 아브라함의 길은 야곱에게로 나아가며, 이삭을 통해 야곱의 길은 아브라함을 잇습니다.

우리는 이삭이 했던 것처럼 계속 신앙을 발전시켜야 합니다. 앞에 있던 신앙인들로부터 다져진 신앙을 물려받아야 할 뿐 아니라, 뒤에 오는 신앙인들에게 발전된 신앙을 물려주어야 합니다. 우리는 과거와 미래를 연결하는 위대한 현재가 되어야 합니다. 이렇게 하기 위하여 우리는 이삭처럼 우리 자신에게 고유한 새로운 신앙의 세계를 꾸준히 열어나가야 할 것입니다.

참고 문헌 및 색인

참고 문헌

Attridge, H. W. "The Uses of Antithesis in Hebrews 8~10", *HThR* 79(1986), 1~9.

Bieder, W. "Pneumatologische Aspekte im Hebräerbrief", in *FS O. Cullmann zum 70. Geburtstag, Neues Testament und Geschichte.* Zürich: Theologischer Verlag / Tübingen: Mohr Siebeck, 1972, 251-259.

Braun, H. *An die Hebräer*(HNT 14). Tübingen: Mohr Siebeck, 1984.

Bullinger, H. *De testamento seu foedere Dei unico et aeterno brevis expositio.* Zürich: Christopher Froschauer, 1534.

Calvin, J. *Institutio Christianae Religionis.* 1559.

Goppelt, L. *Typos. Die typologische Deutung des Alten Testaments im Neuen*(BFchT 43). Gütersloh: Bertelsmann, 1939.

Grässer, E. *An die Hebräer. 1. Teilband: Hebr 1~6*(EKK 17.1). Zürich / Neukirchen-Vluyn: Benziger Verlag / Neukirchener Verlag, 1990.

Grässer, E. *An die Hebräer. 2. Teilband: Hebr 7,1~10,18*(EKK 17.2). Zürich / Neukirchen-Vluyn: Benziger Verlag / Neukirchener Verlag, 1993.

Hegermann, H. *Der Brief an die Hebräer*(ThHK 16). Berlin: Evangelische Verlagsanstalt, 1988.

Hofius, O. "Das 'erste' und 'zweite' Zelt. Ein Beitrag zur Auslegung von Hbr 9,1~10", *ZNW* 61(1970), 271~277.

Hughes, G. *Hebrews and Hermeneutics. The Epistle to the Hebrews as a New Testament Example of Biblical Interpretation* (SNTSMS 36). Cambridge: Cambridge University Press, 1979.

Isaacs, M. E. *Sacred Space. An Approach to the Theology of the Epistle to the Hebrews*(JSNTSS 73). Sheffield: Sheffield Academic Press, 1992.

Käsemann, E. *The Wandering People of God. An Investigation of the Letter to the Hebrews.* Minneapolis: Augsburg, 1984(*Das Wandernde Gottesvolk. Eine Untersuchung zum Hebräerbrief* [FRLANT 55]. 2. Aufl., Göttingen: Vandenhoeck Ruprecht, 1957).

Lehne, S. *The New Covenant in Hebrews*(JSNTSS 44). Sheffield: Sheffield Academic Press, 1990.

Lindars, B. *The Theology of the Letter to the Hebrews*(NTT). Cambridge: Cambridge University Press, 1991, 1995(바나바스 린다스, 「히브리서의 신학」. 서울: 도서출판 솔로몬, 1994).

Lohmeyer, E. *Die Briefe an die Kolosser und an Philemon*(KEK 9). Göttingen: Vandenhoeck Ruprecht, 1930.

Moule, C. F. D. "Fulfilment-Words in the New Testament: Use and Abuse", *NTS* 14(1967/68), 293~320.

Peterson, D. *Hebrews and Perfection. An Examination of the Concept of Perfection in the "Epistle to the Hebrews"*(SNTSMS 47).

Cambridge: Cambridge University Press, 1982.

Riggenbach, E. *Der Brief an die Hebräer*. Leipzig, 1922(repr. Wuppertal: Brockhaus 1987).

Schlatter, A. *Der Glaube im Neuen Testament*. 3. Bearb., Stuttgart: Calwer Verlag, 1905.

Schulz, S. "σκιά", *ThWNT* 7, 396~403.

Schweizer, E. "Jesus Christus I", *TRE* 16, 671~726.

Vos, G. *The Teaching of the Epistle to the Hebrews*. New Jersey: Presbyterian and Reformed Publ., 1956.

Weiss, H.-F. *Der Brief an die Hebräer*(KEK 13). 15. Aufl., Göttingen: Vandenhoeck Ruprecht, 1991.

Weiß, K., "ἀρχή", *EWNT* I (1980), 388-392.

Westcott, B. F. *The Epistle to the Hebrews. The Greek Text with Notes and Essays*. 1892(repr. Grand Rapids: Eerdmans 1980).

Wikgren, A. "Patterns of Perfection in the Epistle to the Hebrews", *NTS* 6(1959~60), 159~67.

조병수. "히브리서에서 사용된 레위기", 「신약신학 열두 논문」. 수원: 합동신학대학원출판부, 1999, 2002, 163~173.

_____. "히브리서의 구약성경 인용", 「신약신학 열두 주제」. 수원: 합동신학대학원출판부, 2001, 169~180.

색인

주제 색인

168 ·

인명 색인

그리스어 색인

성구 색인

구약성경

신약성경

저자 **조병수 목사**

총신대와 합동신학대학원대학교를 졸업하였으며, 독일 뮌스터 (Münster)대학(Westfälische Wilhelms-Universität)에서 신약학으로 신학박사(Dr. theol.) 학위를 받았다. 독일 아헨(Aachen)과 부퍼탈 (Wuppertal)에서 한인목회를 하였고, 서울 녹번동에 있는 염광교회에서 담임목사를 역임했으며, 합동신학대학원대학교 교수와 총장으로 봉직하였고(현 명예교수), 지금은 프랑스 위그노 연구소 대표이다.